知的生きかた文庫

「退屈」の愉しみ方

名取芳彦

三笠書房

はじめに

「ヒマだ」とぼやく人、「忙しい」となげく人に効く人生のコツ

いきなりですが、まずはちょっとした小咄から。

「世の中にはずいぶんヒマな人間がいるもんですな。川で三時間も釣り糸を垂れている人がいたんです。それが、何も釣れなかったんですよ」

「それはすごいな」

「ところが、上には上がいて、釣っている人の隣で退屈もせず、ただ見ている奴がいるんですから驚きました」

「へぇ～、そんな人がいるのかい」

「ええ、その二人を見ていたんですから、間違いありません」

これは江戸小咄。ヒマそうにしている人がネタになるのですから、いつの時代にも勤勉で忙しいのが当たり前という風潮があるのかもしれません。

この小咄が面白かったのは、単に〝自分の欠点に気づかず、他人の欠点を笑う〟シチュエーションが愉快だったからではありません。

毎日やることに追われ、楽しさを求め、落ちつきのない生き方をしている自分が「釣りをする人、それを眺める人、その二人をまた見ている人のように、退屈も愉しめないくせに、何を忙しがっているのだ。笑っているなら、退屈を愉しんでみろ」と警鐘を鳴らされた気がしたのです。

ちなみに漢和辞典では、楽はガヤガヤとにぎやかにたのしむこと。愉は心のしこりが取れてわだかまりがなくたのしいことを表します。

そもそも私たちが嫌がっている退屈は、「何もすることがなくヒマをもて余すこと」ですが、ヒマは「仕事や義務に拘束されない時間。自由な時間」。

つまり、退屈は、

「仕事などに拘束されず、なんでもできる自由な時間がたくさんある」

ということです。

私を含め、現代人の多くは、なかなかそうは考えられず、退屈から逃げるかのように仕事などの「やるべきこと」を追い求めてしまう結果、心の余裕がなくなっていきます。

以前の私は、電車を待っていれば時計と時刻表を見比べてチェッと舌打ちし、車に乗って信号待ちになれば、早く青にならないかとイライラしていました。

ところがある日、「やるべきことがない」と「やることがない」とは違うのではないかと思ったのです。やることがなくつまらないと思うのは、やれることを考えないからです。だから退屈するのです。

電車を待っている間に、昨日と今日の駅前の風景の間違い探しができます。目につく範囲の看板の文字の漢字・ひらがな・ローマ字・外国語の比率だって確かめられます。

そんなことをしてもつまらないと思うかもしれませんが、その日かわす会話の切り口として、これほど新鮮なことはありません。

信号待ちをしている間は、車内に流れる音楽に合わせてハンドルを指で叩いてドラマー気分を味わうこともできます。

「学ぶに暇《いとま》あらずという者は、暇ありといえども亦《また》学ぶ能《あた》わず」は『淮《え》南子《なんじ》』の言葉。勉強する時間がないと言い訳をする人は、たとえ時間があっても勉強しない。意欲がある人は、自分でその時間を作るものだというのです。

忙しくて何もできないと言う人も、なんでもできる〝贅沢な時間〟〝退屈な時間〟は自分で作れます。

本書は、その退屈な時間をどう作り、どう愉しみ、愉しむとどんなに人生が豊かになるかを中心にまとめました。

あなたの退屈な時間を使って読んでいただく本書が、これからの人生で現れる退屈な時間を過ごすのに、少しでもお役に立てれば幸いです。

名取芳彦

もくじ

1章 「退屈」っていいものです

2章

退屈を愉しめると……どうなる?

3章 「忙中閑あり」ってこういうこと

4章

むやみに「人とつながらない」

5章 〝人生の達人〟に学ぶ時間のルール

編集協力／岩下賢作
本文ＤＴＰ／株式会社Ｓｕｎ　Ｆｕｅｒｚａ

1章

「退屈」って いいものです

「退屈」は実は仏教語です

私たちは、退屈を「することがなく、ヒマをもて余している」という意味で使っています。「手持ち無沙汰」や「所在ない」と似た表現です。

しかし、「退屈」は仏教語が原義。意味は「仏道修行の困難に負けて、修行しようとする気力が衰退すること」「仏道を求める心が退き屈《しりぞ》すること」で、「諦め」や「放棄」に似て、途中で投げだすニュアンスを持った嫌な言葉です。

本来の退屈が「ヒマをもて余す」の意味で使われるようになった経緯は、調べてもなかなか見つかりませんが、目標を求める心が衰退することで、目標を失い、達成のためにやるべきことがなくなってしまえば、時間をもて余すことになります。そこから「ああ、やることないなあ。ふぁ〜」とあくびが出るような状態を退屈というようになったのでしょう。

ですから、退屈の土台になっているのは目標が消失した状態です。目標さえあればどんなに時間をもて余していても、退屈しないですみます。

私は四十歳を過ぎた頃から、〝いつでも、どんなことが起こってもおだやかでいられる心〟に憧れはじめました（坊主として遅まきな発心《ほっしん》ですが、仕方がありません）。おだやかな心を持つのが私の人生の大目標になったのです。

一生かけても達成できないかもしれませんが、努力する価値はあると思っています。「そんな心になれるはずがない」と思うかもしれませんが、できないことをするのを練習といいます。そんな私は「退屈」を感じなくなりました。取りたててやることがないときでも、心おだやかでいるための練習になるからです。実際に私は五十歳を過ぎた頃から、心おだやかな時間が増えてきました。のんびりしているのではありません。かつては頭に来たようなことでも「ふーん、そうなんだ」とおだやかでいられることが増えたのです。

「やることもなく退屈だ。ふぁ～」とあくびが出たら、「今の自分はどんな目標から退き屈しているだろうか」と自問してみてください。何かから退いておらず、屈しているわけでもなければ、充電時間だと思えばそれでいいでしょう。「そういえば、この目標をまだ達成していないぞ」とわかれば、そろそろ充電終了。ヨイショ！　と腰を上げればいいのです。

退屈＝面白くない、というのは大間違い

「退屈なのは面白くない」と、「退屈」と「面白くない」をイコールにしてしまうのはもったいないと思います。退屈だからこそ面白いことがたくさんあるからです。

退屈というのは、自由な時間があるということです。ですから、その時間にどんなことでもできます。やることを自分で探さなければ退屈になります。

退屈だから本でも読んでみようか、映画でも観ようか、散歩でもしてみようか、夕飯の献立でも考えてみようか、昼寝でもしてみようかと、自由自在なのです。やらなければならないことよりも、やりたいことができるのが退屈な時間の本質でしょう。

私は、「『つまらない』という言葉が口から出るようなら、自分の心のフィルターが詰まっているのだ」と思うようにしています。同様に「退屈だ」がつい口から出るのは、やれることがたくさんあるのに、それに気づかないほど心の風通しが悪くなっている証拠だと思うのです。

二七〇字ほどの短い『般若心経』には、対極する概念を否定する「六不《ろっぷ》のたとえ」

といわれる部分があります。

「不生不滅」は絶対の生も、絶対の滅もないとします。生じれば滅するのはわかりきっています。滅は次の生と連動しています。

「不増不減」は単なる移動のことで、絶対的な増も減もないとします。

永遠不変の汚いも清らかもないとするのが「不垢不浄《ふくふじょう》」です。

「だから、こだわってても仕方がない。こだわってしまえば、心はいつまでたっても自由になれない」と言外で説いているのです。

同じように「忙しい」と「退屈」も両極の概念ですから、こだわらないほうがいいのです。忙しくても「忙中閑あり」ですから、絶対的な「忙しさ」はありません。自分で忙しくしている場合が多いものです。同様に、絶対的な「退屈」もありません。

自分で自分の時間を「退屈」にしているだけなのです。

同様に「面白い」と「つまらない」にもこだわらないほうがいいでしょう。世の中のすべてを「面白い」「つまらない」でしか考えない思考回路は、自ら人生を狭めているようなもの。私はゴルフをしませんが、心のフェアウェイは広くして、「退屈＝面白くない」なんてバンカーを、心の中に作らないほうがいいですよ。

たとえば、通勤・通学中に何をする？

「退屈なときこそ、人は最も自由である」という格言があるかどうか知りませんが、考え方一つで、まさにそのとおりでしょう。取りたてて何もすることがないのですから、何をしても自由です。

贅沢な人は「なんでもできるといっても、何かするには時間が足りない」とおっしゃるかもしれませんが、**通勤、通学はもとより、どんなに短い退屈な時間でもやれることはいくらでもあります。**

私は車がほとんど通らない道を歩くときは、来世《らいせ》でモデルになったときの準備のために、白線の上をきれいに歩く練習をします。

歩道を歩くときは、次の交差点まで何歩で行けるか予想します。

ホームで電車を待っているときは、枕木を数え、雲が何に見えるか考え、知り合いを思いうかべて、昔とどう変わったか確認作業をします。

電車に乗れば本を読むか、イヤホンで落語を聞くか、車内の中吊り広告をすべて読む、などします。

私はお地蔵さまの絵をハガキに四十秒ほどで描き、そこに「心の天気は自分で晴らす」「余生　余った人生なんかありません」などの言葉を書いて、お礼状などに使います。年間五〇〇枚くらい使うでしょう。ですから、いつもお絵描きグッズを持って外出します。空港の待ち時間にも鞄からハガキと筆ペンを取りだして描きます。

他にも、いくらでも退屈を愉しめるでしょう。車を運転していれば、前の車のナンバープレートの数字を加減乗除して決めた数字にします。ある意味でヒマつぶしですが、「ヒマな時間を大切にしなさい。忙しいときよりずっと得ることが多いものです」を心の糧にすれば、脳トレにもなりますし、無駄な時間はなくなります。

気になるのは、宴会の席で退屈そうにしている人。どうも自分のことばかり考えている人に多いようです。目の前のお料理や同席している人に関心を持てるのに、それをしないで一人退屈している人です。高齢になって、やるべきことがなくなったとき、どうするのだろうと心配になります。

退屈なときこそ、自分は最も自由なのだと気づいて、退屈で自由な時間を存分に愉しみたいものです。

「ヒマ」が人生を成熟させる

文庫はほぼ二〇〇ページ。文字数は約九万字。本書のように見開き二ページ（約千字）で読み切りなら約百項目になります。一つのテーマ（タイトル）に沿って百項目考えるだけでもヒマがないとできません。いわんや一つの項目をどのように展開するか、どんな具体例を入れるかを考えるには、膨大な時間が必要になります。

多くの方々に読んでいただいた『気にしない練習』（三笠書房）で、編集者が出してくれた項目の一つは〝人の話を鵜呑みにしない〟でした。「私は今までに人の話を鵜呑みにした結果、何か気になったことがあるだろうか」とヒマを見つけて考えること三日。ようやく具体例を思いだして「みんな言っているの〝みんな〟は多くても三人だから気にしなくていい」と書きました。同時に、「みんな言っているぞ」と誰かを批判するときは、自分の弱い意見を補強するために多勢を頼みにしている点と「私ではなく他の人が言っているのです」と責任転嫁できる点で健全な精神状態ではないから、なるべく言わないほうがいいと結びました（結果的に「『みんな言っていますよ』は気にしない」という項目になりました）。

他の出版社から「丁寧に生きるというテーマで一冊書いてくれませんか」と依頼を受けた時は「そもそも、丁寧な生き方ってどうすればできるのだろう」と一週間考えました。**ヒマを作らなければとても考えられません。**結果的に企画はボツになりましたが、一週間かけてたどりついたのは「丁寧な仕事をするのも、人間関係を丁寧に作るのも、丁寧な生き方をするのも、それぞれにかけがえのなさといとおしさを感じないと丁寧になれない」ということでした。

境内でぼんやりしている時に、風が草の葉を揺らすのを見て「そういえば、この草の葉を揺らしている空気は昨日の今頃はどこにいたのだろう。明日の今頃はどこにいるのだろう」と自分を取りまく空気から世界と自分のつながりを感じることができたのも、ヒマな時間があったからです。

僧侶の仲間うちから親の七光と言われていた私を勇気づけてくれたのは、ご尊父が有名な僧侶の先輩が言ってくれた「いくら親の七光と言われても、本人がその光を内部で乱反射させて放出する力がなければ光れないんだよ」という言葉でした。この金言も先輩が何年もヒマな時間に熟考してたどりついたものでしょう。

忙しいのもいい、退屈なのもまたいい

もとは中国や日本の古典でわがままにふるまうことを表していた「自由」が、自己責任を土台にした「自らに由《よ》る」という意味で、英語の free の訳語に採用されたのは江戸から明治に変わる頃といわれています（福沢諭吉がこの訳を採用したことから広まったそうです）。

まったく、私たちの人生は自己の責任において自由だと思います。

弱い自分を隠そうと強がり、飾ろうとするのもその人の自由です。あんなことしなければよかった、あのときやっておけばよかったと後悔するのも、自分で決めたことだと後悔しないのも自由です。陽気に生きるのも、陰気に暮らすのも自由。始めたことを終わりにするのも、続けるのも自己責任という意味で自由です。失敗して落ちこむのも、奮起するのもその人の自由です。

そして、「退屈だ」と愚痴を言うのも、「なんでもできる時間がある」と有効利用するのも自由です。ヒマな時間は退屈しなくてはならないという決まりはありません。

私たちの心はもともと自由なのに、自分で不自由にしている場合が多いのでしょう。もったいないと思います。

自由というのは、選択肢に幅があるということ、つまり余裕があるのです。それは心にも、時間にも通じます。

心は右で述べたようにもともと自由ですが、退屈はすでに述べたように自由な時間がある、時間に余裕があるのと同義です。

お勧めしたいのは、時間に余裕がある退屈な時間に、窮屈になりがちな心も自由にして、おおらかになることです。

クイズ番組などで「次の五つのうち、どれが正しいでしょう」という問題に対して「五つすべて」という答えが時々あるように、**「これもよし、あれもよし」とする心の余裕を持つ**のです。どこかへ行くのに「電車もいい、バスもいい、歩きもまたいい」という心境です。「若さもいい、年を重ねるのもまたいい」とする余裕です。「忙しいのも、退屈なのもいい」とする心のおおらかさです。

「私は好き嫌いがはっきりしているんです」なんて、自らの心の余裕のなさを自慢している場合ではありません。

教養は「一人の時間」で磨かれる

文章を書くようになった三十代前半の頃、お坊さんで国文学の大学教授の大先輩に「辞書は信用できません。一冊ではなく、数冊持っていないとダメです」と言われました。三十年近く経た現在、私の手元にある電子辞書には国語系十八種類、そのうち国語辞書が四種類もあるのですからありがたい話です。

さて、『大辞林』によると、教養は「社会人として必要な広い文化的な知識。また、それによって養われた品位」とあります。ところが、『新明解国語辞典』では「文化に関する、広い知識を身につけることによって養われる心の豊かさ・たしなみ」の説明のあとに傑作な用例が紹介されています。「教養の有る無しと品性の豊かさとは元来無関係のものだ」。まるで教養を品位や品性という言葉で説明しようとする別の辞書の編集者を意識しているかのようです（出典は明らかにされていませんが、いったいどこからこんな用例を見つけてくるのでしょう）。

教養があると品性も上品になるかは別にしても、単なる知識豊富な情報通と教養人とは別物です。**教養のある人は、自分で得た知識を自分の中に蓄えて熟成させて、豊かに生きる糧にしています。**この過程で必要なのは、充実した一人の時間を過ごすことでしょう。この場合の充実した時間はゲームをすることでもなく、テレビでバラエティ番組を見ることでもなく、SNSに夢中になることでもないでしょう。いわんやヒマに任せて誰かとつるんでいれば、蓄えた知識が熟成されません。

私に話し方を教えてくれた元ニッポン放送の村上正行アナウンサーは、自分がそれまで聞いたことがない、使ったことがない言葉に出合ったらメモしたそうです。それをノートに書きうつして、時間があるときに読みなおしたそうです。私も真似してみたら、とても充実した時間なのです。それをやっていると、使おうとしなくても、あるとき、ポロッと口から出るようになります。

おかげで、何かしているときに別の用事を頼まれたときの言葉、「二つのことを一緒にやれったって、そりゃ無理だ。あくびしながら沢庵《たくあん》を噛もうったってできねぇだろ」は、すっかり私のものになっています（品位や品性のカケラもありませんが）。

同じように、**得た知識を一人になって咀嚼《そしゃく》し、吟味する時間を経てこそ、教養が心の豊かさとなり、たしなみなどの品性になって表面に現れるもの**だと思うのです。

もし、無人島で暮らすとなったら？

お坊さんたちがホールで伝統的な法要や節つきのお経のコンサートをやることがあります。キャリーバッグをゴロゴロ引っぱって会場に到着し、着替えようとして帯を忘れたことに気づき血の気が引き、足袋がないのを知って（あっても、右足用だけ二つあって）は息が詰まりそうになります。

そんなとき、いつも助けてくれる人がいます。彼はおっちょこちょいな人用に、いつも予備の帯を持ち、足袋も伸縮性のあるものを別に一足持っているのです（彼がいないときは、帯はズボンのベルト、足袋はコンビニの白いソックスで代用します）。とても助かるのですが、自分の荷物だけあればいいのに、忘れんぼうのために念珠、扇なども多めに持ち歩いている彼の荷物は大変な量です。

かつて、それらを忘れた苦い経験があるそうで、本人によれば他人のためでなく自分用とのこと。彼に言わせると危機管理、英語で言えば just in case なのだそうです。その調子ですから、彼はお気に入りのＣＤも必ず二枚買います。「絶版になると、もう手に入らないんですよ」と安心顔で言います。

彼のように危機管理の一環として物を増やす人の他にも、世の中には、さまざまな理由で物に囲まれて生活している人がいます。

コレクションのために部屋を倉庫や展示室仕様にする人。安いという理由で必要のないものや、食べきれないほど食材を買う人。私のように「面白い！」と思うと買いたくなる人。「かわいい」で衝動買いする人。新しいモデルが出るとつい、財布の紐がゆるむ人。

やがて収納に収まりきらなくなった品々は床に置かれ、それが新たな台になってゲームオーバー寸前の３Ｄテトリスになるという具合。ついには、物の間を迷路のように移動し、足の指をぶつけて悲鳴を上げる始末。

忙しさで身動きが取れない人もこれに似ています。**物ややることを増やすだけ増やして「もうこりごりだ」と我欲に気づいて歯止めをかけないと、いつまでも物や忙しさに支配され、心おだやかに、さわやかに生きていけない**でしょう。

そろそろ、持たない暮らしを実践してはいかがですか。私は無人島暮らしをイメージして、物を整理しています。それで十分生きていけます。

「いつもの仕事」を愉しめる人、愉しめない人

二〇一六年のブラジルのリオデジャネイロオリンピック。日々鍛練を重ねたアスリートたちが数々の記録を生み、観る人に多くの感動を与えてくれました。その中で、話題になったのが水泳競技のプールサイドで、救命用のオレンジ色のフロートを抱いて座っているライフガードの存在でした。

ブラジルの法律では、プール使用時にライフガードの配置が義務づけられているのだそうですが、世界のトップスイマーの競泳では、出る幕はまずありません。「これほど退屈な仕事はあるまい」と感想を漏らす人がいる一方で、「何もしなくて間近で競技が見られるなら、私もやりたい」とうらやましがる人もいました。私は彼の姿に、天下泰平の江戸時代にあっても剣の道の修練に努め、ひとたび戦《いくさ》になれば、主君の役に立とうとする侍の姿を重ねました。

世の中には、毎日決まりきった単調な仕事をすることに「言われたことだけやっていればいいのだから楽でいい」と呑気に構えている人もいます。また、「こんな仕事

ではなく、もっと自分の力を発揮できる仕事をしたい」と向上心を持つ人もいます。しかし、企画、管理、運営、製造、営業など、どんな仕事でも必要だからその仕事があります。なくてもいい仕事はなく、仕事はすべからく必要だからあります。どれが欠けても全体が機能しません。ルーチンワークがつまらないと思う人は、まずその仕事も役に立っているのを自覚するのが先決でしょう。

また、「ルーチンワークはつまらない」と愚痴を垂れながすばかりでは、しょせん、寝て、起きて、食べて、トイレで用をたして、仕事するだけの〝人生〟という巨大なルーチンワークさえ「つまらん」と思うようになり、自分の人生を自ら窒息させることになります。

いずれにしろ、やらなければならない仕事なら、「どーれ、ひとつ、この仕事を面白くやってみようかな」と挑戦してみるのです。

イベントで交通整理をするのに、ユニークなトークで通行人の注意を引くＤＪポリスも、海外でダンスパフォーマーさながらに交差点の中央で交通整理をする警察官もそのような前向きな心を持った人でしょう。

単調な仕事をどう愉しむだろう」とイメージして真似してみるといいですよ。「なんでも楽しんでしまう人なら、この

夜は静かに、ゆっくり過ごす

私が原稿を書く時間帯はおもに夜でした。お天道さまが出ている間はまとまった時間が取れないからです。ところがこれがとても困ったことになります。午後十一時を過ぎて筆を置き（具体的にはパソコンの電源を落とし）、入浴して布団に入っても脳が活発に活動して、なかなか寝つけないのです。結果的に朝起きられず、家内に本堂正面の戸を開けてもらい、どちらが住職だかわからないような不甲斐ない体たらく。

無理やり寝ようとアルコールをいささか多量に摂取して睡眠を取っても、鬱状態の人がアルコールを飲んで無理やり寝てもちっとも寝たことにはならないのと同様で、身体を休めるどころか肝臓はアルコールを分解するのに大童《おおわらわ》で、結果的に体調を崩すのが関の山という具合。

こうしたことが何年も続いたので、私は原稿に向かうのは遅くとも午後十時までと決めました。その後は、気持ちよく寝るための時間に使おうと考えたのです。

だからといってゆっくり入浴するわけではありません。子どもの頃からのカラスの行水。家内は「もっとゆっくり入っていればいいのに」と言いますが、入浴時間をリラックスタイムにするか、お風呂から早く出て別のリラックスタイムを作るかは、本人の性格や主義主張のしからしめるところですから仕方ありません。

布団に入って読むのは重たい本、なるべく夢のあるファンタジーにします。そうすると本の中の物語が途中から夢の中に引きつがれることが多いのです。サスペンス系は、朝まで読んでしまうので私の場合、御法度《ごはっと》です。

テレビで若手の女流作家が「寝るときは覚醒しているときの自分を引きずる必要はないので、別の人間になったとイメージして寝るんです」とおっしゃっていました。奇しくもファンタジーの登場人物になって眠りに入る私と同じやり方です。

修行中は、寝るときに布団の上に座って合掌して「若睡眠時　当願衆生　身得安穏　心無動乱」(寝る時には、まさに願うべし衆生よ。身の安穏を得て、心も動乱なきことを)と唱えていましたが、生臭坊主の私は修行を終えてからは、やったことがありません。そろそろ復活させようと考えています。

寝るギリギリまで活動しないで、心も身体もゆっくりする時間を就寝前に作ってみてはどうでしょう。

休むのも「戦いの一部」です

余暇を楽しむお金のために仕事をするか、ばりばり働くために余暇をのんびり過ごすか……。心配性で「福の神祈る間あらば働いて、貧乏神を追ひ出だせかし」「貧乏神は怠慢が産んだ子息」「備え有れば憂いなし」などの言葉が好きで、加えて社会貢献できる労働に価値を置く日本人にとって、まず仕事ありきという人は少なくないでしょう。

しかし、働くことばかりがいいのではなく、リフレッシュするための休みを取ることで仕事効率が上がることを期待して、入社して節目の年に長い休暇が取れる制度を導入してニュースになったのは、私の記憶では自動車メーカーのホンダだった気がします。このような会社で造った車ならいいだろうと、私もホンダの車を買った記憶があります。

休暇（休むこと）も仕事のために積極的に活用するという点では、やはり仕事優先ですが、企業の立場では仕方ないでしょう。

しかし、私を含めて、休みに何をするあてもない、根っからの仕事人間は多いものです。何もしないでいると罪悪感すら覚えて、「いずれやらなければならないことを、今のうちにやっておこう」と、ハガキにお地蔵さまを描いたり、執筆する原稿の資料になりそうな本を付箋片手に読んだり、休むのも戦いの一部のように考えて、休日を休日として楽しめないのですから、我ながら不器用な人間だと思います。

まさに「備え有れば憂いなし」（『書経』説命）の直前の言葉、「惟《こ》れ事を事とすれば、乃《すなわ》ち其《そ》れ備え有り」（平素何事もないときに、なすべきことを怠らないように努めていれば、おのずから備えができてくる）を、図らずも実践していることになります。

そんな私でも、四十歳になった頃に近所のおばあちゃんが言った「住職さんね。お金の使い方がうまい人は、お金をもらうときと同じように、お金を払うときも嬉しそうな顔をしているもんですよ」という言葉が今でも心の隅に残っています。

今ではほとんど聞かなくなった勤勉という言葉ですが、私はまだ「災難も貧乏神も来れば来い、我が勤勉の力試さん」や「正直と勤勉とを汝の不断の伴侶たらしめよ」という言葉に惹かれるものがあります。そんな私も、**いつかお金を使うときも嬉しい顔ができるように、休息の時間、退屈な時間も楽しめるようになりたい**と思うのです。

退屈な時間を「投資」に回してみよう

私は五十歳を越えた頃、パソコンに「いつか使ってみたい表現」というファイルを作りました。それまで聞いたことがない表現や、使ったことがない言い回しに出合うと、どこかに書きとめて、時間があるときに打ちこみます。本を読んでいて気になる表現があると、その行に付箋を貼り、何がどうよかったのかを記して、これもまとめて打ちこみました。八年で約五万字分になりました。時間があるとそれを読みかえしています。携帯電話にもデータを転送してあるので、どこでも読めます。

こうしていると、その中の表現があるとき自然に口から飛びだすことになります。本書のあちこちに、めったにお目にかからない奇天烈な表現があるのはこのファイルのおかげです。多くは、落語、講談、浪曲などからの収録なので偏りがあるのですが、私がこうした言葉を使うと、相手は戸惑いながらも笑顔になってくれます。私にとっては人間関係の潤滑油。「アイ・ラブ・ユー」の代わりに「月がきれいですね」「あなたのためなら死んでもいい」と言いかえるのと似ています。

「こちらが、この間お話しした名取住職です」と紹介されると、思わず「聞いて極楽、見て地獄、名取でございます」とか「昨日、今日の駆け出しで、ろくな仁義が切れずに、申し訳ありません」と口から飛びでます。

「遠いところをありがとうございます」と言われると「なに、惚れて通えば千里も一里っていいますから」と勝手に出ます。

女性に会えば「桜の花を柳の枝に咲かせて、梅の匂いを移したような方ですね」と持ちあげ、その隣で「住職も女の人が好きなんだ」と言われると、それを受けて、曾根崎心中から「色で導き、情けで教え、恋を菩提《ぼだい》の橋となし、渡して救う観世音ってね」と放言し、相手が一人暮らしと聞けば、「影を伴侶に暮らしていらっしゃるんですね」と相手がさびしさを思いだして、泣きだすような言い方をするありさま。

お別れするときは「それでは、縁と命があったらお目にかかります。が、しかし、お互い縁も命もあるでしょうから、次にお目にかかれるのを楽しみにしています」。

こうして、昨日も今日も、明日も私は新しい表現に出合うのを楽しみにしながら、退屈な時間を使って本を読み、落語や浪曲を聞いてメモし、付箋を貼り、パソコンに打ちこんでいきます。私にとって、**退屈は大切な投資の時間**でもあるのです。

あなたは、一人ぼっちじゃない

母方の叔父が、私が住職になった記念にくれたのは自分で篆刻《てんこく》した「生命継承題之事卅代十億七千三百七十四万一千八百廿四人之尊哉」の拓本でした。自分の先祖を三十代さかのぼったとき、三十代前の数が十億を超えるというのです。

誰でも二人の親がいます。その二人の親にも二人の親がいます。そうやって、電卓で二×二を三十回繰りかえすとその数になります。女性が子どもを産む年齢を二十歳から三十歳と大雑把に取り、三十代さかのぼって六〇〇年前から九〇〇年前にいた自分の先祖を横並びにすると十億を超えるのですから驚愕の数字です。当時十億を超える人口が日本にいたはずがありませんから、みんな親戚のようなものですね。

さらに自分の親から数えて三十代さかのぼったとき、先祖の総数は、二一億四七四八万三六四六人になります。その中の一人でも子どもを残さずに亡くなっていれば、あなたも私も、現在この世にはいません。それだけの命の流れを、自分の都合以前に受けて今ここに自分がいます。私の父はそのことを〝先祖や万祖　万祖や億祖　奥ぞ

判らぬ　命の流れ　判らぬながらも　血の中に　億のいのちが流れてる〟と書きのこしました。私たちはもともと孤立などしていないのです。

一方、人間一人の体の成分組成は、買えばすべてで一万円しません。地球誕生、否宇宙誕生の時から、宇宙のどこかにあったものがめぐりめぐって現在の自分の体を作っています。そう考えれば、私たちの体は一三八億歳ということになります。私が〝宇宙と私は同い年〟と色紙などに書くのはこの意味です。頼もしいことこの上ないではありませんか。「自分なんて……」と卑下するには及びません。

また、今日あなたの頬をなぜた風は移動している空気ですが、その空気は昨日は別の場所にありました。去年も十年前にも地球のどこかにあった空気でしょう。タクラマカン砂漠で無数の砂を転がした空気かもしれません。ヒマラヤを乗りこえた空気かもしれません。九〇〇年前の先祖がしたおならかもしれません。あなたが赤ちゃんだった時のあくびと共に吐きだされた空気かもしれません。

たとえ一人でいても、先祖や億祖が命の中についてきています。宇宙と同い年の体で生き、時空を超えて他の多くとつながっています。

「ふぁ～。退屈だぁ～。つまらない」なんて言っている場合ではありません。

〝つまらない人間〟の共通点

心の小さなつまらない人間は、一人でいるとろくなことを考えないという意味の「小人《しょうじん》閑居して不善をなす」(『大学』)の言葉を、私はどれだけ我が身につぶやいたことでしょう。

もっとたくさん欲しい、もっと別のものが欲しいなどの物欲から、自分より優秀な人をねたましく思い、自分は優秀だと思いこんで人をバカにし、やっておけば自分の財産になったのに、易きに流れてせっかくのチャンスをむざむざ無駄にするなどの心のあり方まで、後ろを振りかえれば「不善」をばらまいて生きているようなものです。

これに気づいたのは、私と同じように「不善をなす」人が周囲に少なからずいたからでした。私がもっと小さな人間なら、それらの人を見て「みんなやっているんだからそれでいいのだ」「あいつはうまいことやったな。それなら、私もやろう」と同調したでしょうが、幸いにも私の中に〝心おだやかに生きたい〟という火種がわずかながらも残っていたのでしょう。

その残り火が次第に大きくなって、いつしか私は「小人は閑居すると不善をなす」ではなく、「閑居して不善をなすような者を小人と呼ぶ」のだと思うようになりました。「強い者が勝つ」では当たり前ですが、「勝った者が強い」と言いかえれば、物事の真実が見えてくるのに似ています。

「小人は〜する」ではなく、「〜するような人を小人というのだ」にすれば、「小人になりたくない」と自分を律することができます。

『論語』の「君子は義に喩《さと》り、小人は利に喩る」も「正しさを求める人が君子、自分の利益を求める人が小人」と解したほうが、心にぐさりと刺さります。

ちなみに『大学』では「小人閑居して……」のあとに、「君子は必ず其の独りを慎む」と述べています。私流に言いなおせば「独りでいるときは自らを反省し、心を掘りさげている人を君子と呼ぶのだ」です。

私は**「つまらない」「どうせ」が口ぐせになったら小人、一日に一回くらい人が喜びそうなことが言えなければ小人、「お先にどうぞ」が言えなければ小人、退屈を嫌がっているだけで愉しめなければ小人だ**と思い、少しでも小人から脱出しようと、チャレンジしています。

よく経営者は孤独だ、といわれるが――

「子どものことが心配で仕方がない」と悩む母親に「それは子どもを愛する代償のようなものですよ」とアドバイスした人がいます。

思わず、うーんと唸りました。私はそれまで、何かをする代償として別のものが付随してくると真剣に考えたことがなかったのです。コンビニで買い物をしてスピードくじがついてきたというなら、たまたま店内にいた子どもに「おじさんはやらないから、君に権利をあげます」と言えますが、世の中の多くのことは、一つのことをすると放棄できない付帯条件（代償）がついています。

子どもを愛しているなら心配という代償は覚悟せねばなりません。親になったら育児や養育という義務が発生します。大人になるというのは自己責任が伴います。住職になれば寺の運営についても考えなければなりません。本を書けば、もれなく締め切り日が設定されます。

付帯条件は一つではありません。「今日は私が食事を作ります」と宣言したら最後、バランスの取れたメニューを考える、食材を買う、料理をおいしく作る、後片づけをする、「最近お料理を作ってくれないのね」と何かにつけて言われるなど、三つも四つもついいてくる場合もあります。

こうした覚悟をしないでいいところばかり見ていると、こんなはずではなかったとあんぐり口を開けることになります。

経営者や管理職はお金をたくさんもらえそうだし、他人に使われるのではなく、自分のやりたいようにできていいなどと、いい面ばかり見ていれば、その代償に気づきにくくなります。どんな目標設定をするか、失敗したときにどんな対処をするかなど、相談相手がいたとしても、最終的に決めるのは自分で、寄る辺のないほど孤独な状況になるのは覚悟しないといけないでしょう。

一人で行なう決定が経営者には不可欠。私たちは誰でも人生の自己決定権を持っていますが、会社などの組織でトップが自分の責任で行なう決定は、周囲に大きな影響をおよぼすので、より慎重にならざるを得ません。**成功している経営者は孤独を覚悟し、その時間を有効に使っているはずです。**私も、小さいながらもお寺の住職として孤独は覚悟の上で、その時間を有効に使おうと思います。

さびしさを感じたら、身体を動かしてみる

私は、ほとんどさびしさを感じたことがありません。その意味で幸せ者だと思います。しかし、もし孤独を感じたら、きっと本堂で一人座ることでしょう。そんなことをしたら、かえってさびしさが募るのではないかと思われるかもしれませんが、そうではありません。

僧侶はお堂で孤独な修行をして、自分の中にある無数の縁やおかげを感じ、あるいは仏さまや宇宙と一体になる感覚をつかむので、本堂で座っていると孤独など感じなくなります。これが条件反射になって、本堂に座れば、心身共に充実してくるのです。

おそらく皆さんにも条件反射のようなものがあるでしょうから、さびしさや虚しさを感じたときには、それをうまく利用して回復してみるといいでしょう。

私たちは心がウキウキしたときには、声が高くなります。おいしそうなご馳走が目の前に出てきたのに、お通夜の挨拶のように低い声で「これはまたおいしそうで、何よりでございまして、それにしてもご愁傷さまで……」と言う人はいません。「うわ

っ！　おいしそーっ！」と声高になるでしょう。脳は高い声のときはウキウキしているのを学習しているので、これを利用して落ちこんでいるときに、あえて高い声で話すのです。そうすると、脳が「楽しいのか」と勘違いして心が晴れてきます。滑舌よくしゃべるのも、元気になる効果があります。私はお経を唱えるときには、顔の筋肉が痛くなるくらい口を開け閉めして、一音一音はっきり唱えます。

気分が乗らないときなどには、箸を横にして口でくわえると笑顔と同じ筋肉が働いて、脳が「楽しい」と勘違いして前向きになれるともいわれます。大股で手を大きく振って、上を向いて歩くだけで、滅入った気分が晴れるという研究もあるそうです。

逆に病気のとき、私たちは身体を動かしませんから、身体の動きが鈍くなってくると、脳は「具合が悪いのだな」と思って、気分も落ちこみがちになります。

これを踏まえて、**孤独でさびしさを感じるときや、何もやる気がせず退屈なときは、無理にでも身体を動かしてみると脳が活性化して、前向きな思考ができるようになります。**

動物は〝動く物〟と書きます。人間も動物ですから、身体を動かせばなんとかなります。

友達がいない、恋人がいない……となげく人たちへ

単独行動が好きな人を、私はソロ活動家と呼んでいます。朱に交わっても赤くならず自主独立を好み、一人の自由を謳歌しているように見えます。

自分の好きなことを好きなときにやるには、友達も恋人もいないほうが楽です。仲間と何かしたければ、各人の思惑やスケジュールを調整しなければならないので、自分の裁量で決められるソロ活動のほうが楽です。悪くいえば自分勝手です。

かつて自分勝手の異名があった私は、あるとき、台所で家内から「そんなに自分勝手にいろいろやっても、家族や社会は持ちつ持たれつなんだから、自分だけ勝手に生きようとしても理解は得られないし、応援もされないわよ」と正論を突きつけられました。

心細くなった私は、自分勝手についてあれこれ思案をめぐらしました。かつて〝お勝手〟といわれていた台所で言われたからでしょうか、私がやっていることは「自分勝手という台所で、自分の好きな料理を作っているようなものかもしれない」と気づ

いたのです。そこで〝自分勝手という台所で作った料理じゃ、誰も食べてくれません〟という言葉を書いて机の前の壁に貼りました。

誰かに食べてもらわなくてもいいと覚悟するなら、自分勝手に作った料理でかまわないのです。しかし、誰かと一緒に食べたければ、相手の好みを聞くくらいの気配りは必要です。

友達がいない、恋人もいないとなげく人がいますが、なげくくらいならソロ活動を慎んで、胸襟を開いて人と接する努力が必要でしょう。自分のことはわかってほしい、でも自分は他の人をわかろうとしないのは、フェアではありません。

路上で好きな歌を歌っているソロミュージシャンは、前を通る人に聞いてもらいたいでしょうが、ソロ活動である以上、誰も聞いてくれなくても仕方ないと覚悟しているはずです。

また、友達や恋人がいないほうが気楽だと短絡的に思う人がいますが、友達や恋人がいても、四六時中テンションを上げてワイワイ騒ぎ、語りつづけることなどできません。**それなりに一人の時間を持っているものです。その時間で養う心の余裕が、面倒と思っていた人間関係を愉しむ土台になる**のです。

「幸せ」を持続させるコツ

あらためて申しあげることではありませんが、幸せというのは主観的なものです。自分が幸せだと思えば、他人がどう言おうと、それが幸せなのです。

しかし、周囲が「あなたが幸せならそれでいい」と言いきり、本人も「私が幸せだと思っているんですから、それでいいじゃないですか」と割りきってしまえば、幸せをそれ以上グレードアップできません。

仏教では絶対的な善や悪はないとしますが、便宜上、過去に行なったことが時間を経過した現在や未来に「心が楽」という結果をもたらせば善、「心が苦」になれば悪だとします。

子どもがお母さんに「頑張って勉強したり、スポーツをしたりするのはなんのため?」と聞くと、「あなたが将来幸せになるためよ」と答えます。すると子どもは「でも、今は遊ぶのが一番幸せなんだけどな」とつぶやくという哲学的な話があります。

私は、「これが幸せ」という定義はできないものの、右の善悪のように、時間経過を考慮に入れておけば、各々の幸せはより深まるだろうと思います。

時間は一瞬一瞬がつながったものなので、「いつでも、今が幸せならいい」と思えれば、結果的にずっと幸せでいられるはずですが、それにはかなり勇気が必要です。

今はつらいけれど、それが後の幸せにつながっていけば、つらいことも幸せの種になったということです。逆に、その場かぎりの幸せを求めた結果、あとになって後悔する事態を招くことになれば、過去の幸せは勘違いだったということです。

問題になるのは、いったい自分は何を幸せだと思っているか、何を得られれば幸せと思えるのかということです。古歌に「しあわせは、いつも三月花の頃。お前十九でわしゃ二十歳。死なぬ子三人、親孝行。使って減らぬ金百両。死んでも命がありますように」があります。あり得ないことばかりです。

その中で、仏教は欲を少なくして、足りることを知って幸せを手にしていきなさいと説きます。**何かを手に入れないと幸せになれない、ではなく、手に入れなくても現状で幸せと思えることを多くするのです。不幸でないだけで幸せだとするのです。**

そんなことは消極的で嫌だと思われるかもしれませんが、欲しいものが少ないほど物心両面で自由でいられるのも事実。それが幸せを持続させるコツです。

「身の丈」に応じた退屈ライフの愉しみ方

脚本家倉本聰さんが主宰する富良野塾の一期生が作った演劇ユニットがあります。その名もミノタケプラン。私は彼らが作った芝居の大ファンです。

その結成趣旨に「『三』人それぞれの芝居への思いの『丈』を秘めて、決して背伸びせず、今の自分たちの『身の丈』に合った芝居をプランニングしていこうという気持ちを『ミノタケプラン』の名に託しました」とあります。いいネーミングだと思いました。

仕事などは身の丈を少し超えた、背伸びすることに挑戦することで成長していきますが、時として度を越した身の程知らずの行動をすることがあります。

私の場合、スキーの初心者なのに上級者コースへ行って足がすくみ、下りリフトに乗ってすれ違うスキーヤーに生き恥を曝したことがありました。一人だって手が余るのに、同時に二人の女の子を猛烈に好きになっていた時期が一年ほどあり（そのうち一人は今の家内）、身もちぎれんばかりの日々を過ごしました。他にも、イエスマンだった私が犯した身の程をわきまえぬ、身の丈を超えた所業のために、迷惑をかけ信頼を失った経験は、両手両足の指を使っても数えきれません。

精神面にしても、経済面にしても自分の身の丈に合わせたライフスタイルがあるのはなんとなくおわかりでしょう。

『大辞林』では、ライフスタイルを「個人や集団の、生き方。単なる生活様式を超えてその人のアイデンティティーを示す際に用いられる」としていますが、ウェブ上の『流通用語辞典』では、「消費者が、所与の社会的、文化的、経済的条件のもとで示す生活の態様をいう。消費者主体である消費者は、社会構造のなかで複数の地位と役割を担っているが、それに対応してライフスタイルの形態と範囲を限定している」と解説しています。自分のライフスタイルの形態と範囲を自らが限定しているとはするどい分析だと思います。

私たちは**自分のライフスタイルの範囲内なら、心に余裕が生まれ、精神的な安定感の上で楽しむことができます。**

日々背伸びをするような生き方より、たまには抜群の安定感がある退屈で自由で楽なライフスタイルを楽しんでみてはいかがでしょう。

私の家族の「退屈の愉しみ方」

退屈している時間があるなら、今までやれなかったことをして、自己肯定感や達成感を得るのもいいでしょう。

若い友人は、ドラマが実際の時間とリンクして進行する海外ドラマ『24』を、実際に二十四時間で観たそうです（「すごく疲れた」と言っていました）。

長男は、近所を流れている新中川が東京湾に注ぐ河口まで自転車で往復したことがありました（股ずれしてズボンに穴が空いたようです）。

次男は、体力作りをかねて近所の江戸川をどこまでさかのぼれるか、土手を歩きつづけたことがあります（帰りはバスを乗りついで、夕飯に間に合うように帰ってきました）。

末っ子の娘は、生来退屈をものともしない性格なので、ヒマなときは飼い猫のような一日を送っています。

家内は退屈すると私に「どっか行こうよ」と言います。「時間がないから一人で行ってきたら」「一人じゃ嫌だ」「そんなこと言ったって、俺が先に死んだらどうするんだよ。一人だぞ」「あなたのお葬式は大変そうだから、私が先に死ぬわ」などと言いつつ、**家内は退屈な時間を私との会話で楽しみます。**

家族の例を書きましたが、それ以外にも、浪曲の『天保水滸伝』では、病みあがりの国貞忠治が無精髭を引っこぬいて懐紙に貼りつけて富士山を描く描写があります。熨斗《のし》袋に自分の名前を上手に書く練習ができるのも退屈なときです。あなたはひょっとして、祝儀でも不祝儀でも、上段に寿、御祝、御香典、御霊前などが印刷してあるものを買っていませんか。だから、自分の名前がへたに見えるのです。上段と下段の字を自分で書けば、それなりにバランスが取れるものです。

サクランボの缶詰を買って、実についている茎を口中でかた結びできるかをやってみる（これができるとキスが上手という噂を信じて、舌がつったことがあります）。忘年会の隠し芸用に、額に載せたクッキーを手を使わずにいかに早く食べられるか練習をするのもいいですし、久しぶりに自画像をデッサンしてみるのも、一興です。

私は、都道府県を全部漢字で書けるかやってみました（岐阜と滋賀が難関）。どうです？「ああ、退屈だ」なんて言っているヒマなんか、ありゃしません。

一年間の楽しみな目標はありますか？

私が住職をしている密蔵院の節分は、一風変わっています。場所は雨のオペレーション不要な本堂の中。時間は子どもが来られる午後四時。まかれる豆は全体の五パーセントで、残りは駄菓子を含めたお菓子類。

節分は立春の前日。昔から立春が一年の始まりという意識があって、古老によると「厄年なんかは、立春から節分まで」とのこと。

開始三十分前くらいから三々五々お寺に集まってくる子どもたちは、玄関に入ると割り箸に名前と一年の始まりの願い事を書くことになっています。それを法要開始と共に焚かれる護摩の火の中に、自分でくべます。五十センチの高さで燃えさかる炎に間近で接する機会が少ない子どもたちは、これだけでも命の危険を感じるようです。

こうした無茶なやり方を始めた時、家内は「危ないから大人がお箸を受けとって火に入れたほうがいいわよ」と言ったのですが、「祭りなんてものは、どこかしら命の危険を感じるからいいんだ。それが日本の祭りだ」とどこ吹く風の住職（つまり私）。

玄関で子どもたちが書いている願い事を見ると、ゲームが欲しい、携帯電話が欲しいなど自分の努力ではどうしようもないことの他に、お父さんやお母さんの健康を祈るもの、テストでいい点が取れるようにと自分の努力目標を書く子もいます。

娘が大学生の時、年の始めに「今年の達成目標」として二十ほど書いて、次の年の始まりにそのうちいくつ達成できたかをチェックしていました。それを横目で見ながら「目標を具体化し、さらに数値化して自己達成感を味わう手法はたいしたものだ」と感心したのを覚えています。

新年の挨拶で使われる「あらたま」は年、月、春などにかかる枕詞《まくらことば》ですが、漢字では荒玉・新玉で、意味は「まだ掘りだされたばかりで磨かれていない玉《ぎょく》」です。これを一年かけてきれいに磨いていくのです。

「一日の計は朝《あした》にあり、一年の計は元旦にあり」といわれますが、忙しくて、あるいはのんびりしすぎて計を立てられなかった人は、立春や誕生日など、一年の区切りになる日は年に何度もありますから、**達成度や重要度が低いものから高いものまで二十ほど書きだしてみる**といいでしょう。ちなみに、私の今年の楽しみな目標はお地蔵さまを千体描くこと。重要な目標は新刊五冊のオファーをこなすことです。

退屈を〝シェア〟できる人がいる幸福

「私は元来無口なんです」と言うと、周囲は「あなたのムクチは六口って書くんでしょ」と言われますが、家族以外の人と車やエレベーターなどの狭い空間にいると、〝早く、何かしゃべらなくては……〟と思います。退屈な時間は作ってはいけないと必死になります。私にとって、あくびしている場合ではないのです。

そんなとき、まず話題にするのは車に乗っていれば「今日は信号につかまりませんね」、エレベーター内なら「いい天気ですね」など、その場で確認できる互いの共通項なのは、どなたでも同じでしょう。

次に「最近どうですか」「この間、こんなことをされたんですってね」と相手に興味を持つことに徹しようと半ば躍起になります。そんなに無理をしなくていいではないかと思われるかもしれませんが、今の私はまだ無理にやらないとできないのです。できないことをするのを練習だと思っているのです。自己中な私が、いつか相手への関心だけを自然に持てるようになるための訓練なのです。

また、自分のことを聞かれれば話しますが、自分から自分のことを話すのは潔くないと思っています。自分のことしか話さない人と会話やコミュニケーションが成りたたないのを何度も体験しているからです。

その点、家族といるときは緊張しなくていいのでとても楽です。ひょっとすると、**退屈は心が楽な状態のこと**をいうのかもしれません。かぎられた時間を一緒に過ごすなら、相手に関心を持つことは潤滑油になりますが、家族の場合は絆という永久潤滑油が蓄えられているから楽なのです。

「最も親しい友人というのは、常に兄弟のように退屈である」と誰かが言いましたが、残念ながら私には退屈をシェアできる親しい人は家族以外にいません。それでいいと思います。

カフェで各人がスマホをいじってばかりで会話をしないグループを目にすることがあります。「せっかく一緒にいるのに、それぞれ勝手なことをやって、いったいなんのために集まっているのだ」と憤慨するオジサン、オバサンがいます。親しくない相手に同じ態度を取っていれば問題ですが、どうしてどうして、彼らは彼らで相手に関心を持たずにそれぞれ退屈を愉しんでいる、人生の達人たちなのかもしれません。

2章

退屈を愉しめると……どうなる?

退屈を愉しめると……まわりに流されなくなる

多くの人が周囲の動きや反応でぶれたくない、情報に流されたくないと思っています。そうしないと、「私はここにいる」というアイデンティティーを保てません。自分がナニモノなのかがわからなくなってしまうのです。

しかし、それを押しとおせば協調性がなくなり、孤立してしまいます。荒波の中でポツンと一人耐えしのぶ小さな烏帽子《えぼし》岩のようなもので、周囲や社会からの風当たりも強くなるでしょう。

近所にある公園に大きな柳の木があります。風の強い日に横を通ると、しなやかな柳の枝が風に舞いあがります。風がやむとスーッと元の位置に戻り、何もなかったように呑気に垂れています。私はこの柳の枝のように、他の影響をしなやかに受けながら、すぐに元に戻れるような生き方をしたいと思うことがあります。

座禅をするときは、呼吸を整える前に姿勢を整えます。頭のてっぺんが天井から紐で引っぱりあげられたつもりになるか、座高を測るときと同じ姿勢にすると、背筋が伸びます。

次に上半身を前後左右にゆっくり揺らし「ここが真ん中」と思うところで止めます。これで体の中心線が決まります。いわば、体がニュートラルになった状態です。

体ではなく、心が周囲に流されず、ぶれないためには（否、流されても、ぶれても元に戻るには）、どこが自分の心のニュートラルなのかを知っておくのが大切でしょう。柳の枝でいえば定位置です。

それを知るには、退屈な時間が大切です。「自分の考えを絶対だと思っていないか。他の考え方はないか」とふと考え、それを少しだけ深めて**「自分の考えも他の考えも、たいした違いはない」という寛容の心を芽生えさせて、ユーモアの花が咲くのは、退屈を愉しむという土壌あってこそだ**と思うのです。

心のニュートラルがわかれば、「これおいしいですよ」という誘いにも上手に乗り、「なるほど、これもおいしいですね」と〝も〟が加わります。「マジ？　信じられない」の言葉にも「べつに信じなくてもいいよ」とシラケずに「そう言いながら、半分信じてるでしょ」とかーるく返せます。

退屈を愉しんで、しなやかな心を作っていきましょう。

退屈を愉しめると……無駄なお金を使わなくなる

誰だって無駄なお金は使いたくないもの。

しかし、無駄なお金を使うほど魅力的なことはありません。誰とはいいませんが、履ききれないほどくつを買う人、持ちきれないほどバッグを買う人、着きれないほど服を買う人、食べきれないほど食材を買う人、玄関のラグに裸足で乗ると「裸足で乗っちゃダメ」と怒る人などは、私からいわせれば無駄なお金を使っている人です。

ところが、無駄なものを買うときや、買ったあとの満足そうな顔といったら……。満面に笑みを浮かべているのですから、まったく〝無駄は心の贅沢〟です。

しかし、それを繰りかえしている中で、ふと退屈になったときに「こうして物を増やしつづけているけど、本当にこれでいいのか」と思うのです。これも我が身を振りかえることができる退屈の効用です。

一人暮らしを始めた娘は、年に何度か単語の切れ目の音を上げながら「お父さん、買い物？　行かない？」と親孝行なことを言ってくれます。親の脛はとうにかじり尽くし、今度はしゃぶろうという魂胆なのは明らかですが、もはや誰も買い物に誘ってくれない父親へのデイサービスの一環。これも一つの親孝行の真似事ですから、あえてそれに乗っかるのも子孝行です。

しかし、たいした買い物もしないで帰ろうとするので、「もう買いたいものはないのか？」と聞くと、いつまでも子どもだと思っていた娘が、感心する答えをしました。

「一人暮らしをするときに、今まで欲しいと思って買ったものをどれだけ捨てたかわからないんだ。特に、一人暮らしをするようになってから、欲しいものが目の前にあると、これは〝本当に〟〝今の〟〝私に〟必要だろうかって考えるようになったんだよ」

一人暮らしのもて余す退屈な時間のおかげで、目先の欲求ではなく〝本当に〟を考え、漠然とした人生という長いスパンでなく〝今〟という時間を明確にし、他の誰でもなく〝私に〟と使用区分を明確にするスイッチが働くらしいのです。結果的に無駄なお金は使わなくなったといいます。

そうなるために、私も娘も、これまでどれほど心の贅沢をしてきたことでしょう。

そしてようやく、**心の贅沢は無駄なお金を使うことではなく、退屈を愉しむこと**だとわかったのです。

退屈を愉しめると……「いらないもの」が見えてくる

私たちは人生を歩く中で、時に応じて心の中に大切な荷物を詰めこんで歩いていきます。

子ども時代は、「人に好かれたい」「自分の好きなことをやりたい」「おいしいものを食べたい」「友達と遊びたい」「大人の真似をしたい」などが、私の心のリュックサックの大半を占めていた気がします。

青春時代には、それに「お金」や「人を好きになる、恋愛」「将来の夢（私の場合はパイロットになりたい）」が加わりました。

学校を卒業すると、「自己責任」や「自業自得」という小袋がセットになった「責任」という荷物が加わりました。

結婚して子どもができると「家族を守る」という重い荷物が加わり、「寺を守り、檀家を守る」「仏教を広める」などが、次から次へと上から詰めこまれていきました。

あるとき、子どもの頃からずっと大事にしまっておいた荷物の中に、いらないものがあることに気づきました。

「人に好かれたい」はもう必要ありません。「おいしいものを食べたい」も軽量化していい荷物です。「大人の真似をしたい」という荷物は「仏の真似をしてみたい」という荷物と入れかえました。お金は目的ではなく手段であることに気づいたので、「お金」という荷物はサイドポケットに移動しました。子どもたちも学校を卒業したので「経済的に家族を守る」という荷物も不要になりました。

大切にしまっておいた荷物の中に、もういらないものがあるのではないかと考えるのは、「最近、どうも心の荷物のバランスが崩れているようで、人生が歩きにくくなっている」と感じたときです。自分が背負っている荷物を点検すれば、まだ必要なもの、小さくまとめていいもの、サイドポケットに移動するもの、捨てていいものなどの整理ができます。経験上、こうしたことは忙しく動きまわっていてはできません。退屈な時間、自由に時間が使えるときなのです。

あなたはいかがでしょう。子どもの頃に、青春時代に、大人になってから、社会に出てから詰めた荷物がそのままになっていませんか。**退屈な時間を使い、時々全部広げて、心の荷物の整理をすると、人生が歩きやすくなります。**

退屈を愉しめると……「嫌われる勇気」が湧いてくる

人から嫌われることを過剰なほど怖がる人がいます。子どもの頃は、親に嫌われては生きていけませんから、親に好かれるいい子になろうとします。やがて、生きやすさを求めて、親だけでなく、より多くの人から好かれようとします。人から好かれるのは悪いことではありません。

しかし、「人から好かれたい」理由が「嫌われると大変だから」という恐怖の裏返しの場合は、自分を偽ってまで他人に媚を売るようになりますから、のびのびと生きられません。いつもビクビクしていることになります。

このような「○○が嫌だ（怖い）から、そうならないように△△する」という恐怖を土台にした構図は、「地獄に堕ちたくないから仏（神）を信じる」「バカにされたくないから頑張る」など、古今東西枚挙に暇《いとま》がありません。しかし、いずれも恐怖の裏返しという点で、健全な生き方とはいえないでしょう。

「浄土（天国）に行きたいから仏（神）を信じる」や「褒められたいから頑張る」は

純粋な向上心なのでいいのです。それならば、笑顔で人生を歩いていけるでしょう。

話を元に戻して、「嫌われる恐怖」をどう克服すればいいのでしょう。まず、誰かから嫌われるにはそれなりの理由があるでしょうから、その理由を明らかにするのが第一歩。こうした謎解きは、心がニュートラルになる退屈な時間にしかできないことだと思うのです。

嫌われる理由が自分にある場合もありますが、多くの場合、相手の〝わがまま〟が原因です。〝食べ物の好き嫌いが多い人は、人の好き嫌いもはっきりしている〟は私の経験則から導きだした言葉ですが、要はわがままなのです。わがままな相手のご機嫌を取る必要などありませんから「あんなわがままな人から嫌われても、放っておくしかない」と諦められます。こうして〝嫌われる勇気〟が湧いてきます。

なんとなく自分に非がありそうな場合は、自分をあらためないと恐怖はなくなりません。言いかえれば、ダメな自分をあらためるチャンスです。行動だけあらためてもダメです。考え方を変えないと何度も振り出しに戻ります。

退屈な時間を利用して、自分がかかえている恐怖心のもとをさぐり、明らかにして克服していきましょう。

退屈を愉しめると……心に「安心感」が生まれてくる

前項で「○○が嫌だから、そうならないように△△する」は恐怖を土台にしているので不健全ではないかと書きました。しかし、考えてみると、仏教はそこを出発点にしています。

仏教の苦の定義は「自分の都合どおりにならないこと」です。私たちが嫌だ、つらい、悲しいなどのネガティブな感情を抱くのは、現実が自分の都合どおりになっていないときです。苦しいのは嫌だから、苦しまないようにするためにどうしたらいいか……。そのために築きあげられたのが八万四千《はちまんしせん》もあるといわれる仏教の教えです。

苦を克服するために、多くの聖《ひじり》たちが退屈な時間を作って瞑想し、嫌だと思っている〝苦の正体〟を見極めようと思索を深めてきました。

その一つの成果が**「私たちは、自分の都合どおりにならないことを苦と感じる」**でした。そこから、都合どおりにしようと思わなければ苦は感じない、都合を減らせば確実に苦も減ると〝少欲〟の教えが展開されます。さらに現状でいいではないかと気づく〝知足〟の教えがそれに続きます。

一方で、すべてのものはさまざまな条件（縁）の集合体で、条件が変われば次々に変化してしまうという〝諸行無常〟や、そこから導きだされる固有の実体はないという〝空《くう》〟という大原則から、そもそも不変の苦なんかないのだと正体を明らかにしていきます（詳しくは拙著『般若心経、心の「大そうじ」』（三笠書房）でどうぞ）。

このように苦を分析することで、**苦を感じたときに「ひょっとして、これは私の都合が原因なのかもしれない」と気づいて、自分の都合を減らしていくことで、心がおだやかでいられる時間が増えます。**また、「私が感じている苦も永遠に続くものではない。この状況も別の縁が加われば、苦ではなくなるはずだ」と気づいて、都合が叶うように努力する縁を加えたり、都合を減らす縁を加えたりすることで、苦が薄らいで心がおだやかになっていきます。

このように、ことあるごとに苦と立ちむかうと、心おだやかな時間が増えていきます。すると、不思議なことが起こります。当初は苦を毛嫌いしていたのに、苦のおかげで心がおだやかになれたと思えるようになり、苦への恐怖はなくなり、大きな安心感が生まれてくるのです。これも、退屈な時間を有効に使ったご利益《りやく》でしょう。

退屈を愉しめると……いつも「平常心」で生きられる

〝平常心〟を『明鏡国語辞典』で調べると「ふだんと変わらない平穏な心」とあります。ということは、多くの人がふだんは平常心で暮らしていることになりますが、果たしてどうでしょう。

私はまったく自信がありません。日々愚痴や文句を垂れながし、何かにつけて怒りを抑えるのに必死な人にとって、平常心は「ふだんと違う平穏な心」でしょう。せめて平穏な心でいられる時間を増やしたいと思います。

一方、『新明解国語辞典』では「〔緊張を強いられたり不安を感じたりするような状況に身を置いた際の〕日常生活の延長に過ぎないと思っていられるような、冷静沈着な心理状態」とあります。

何か心をざわつかせる状況になったときに、平穏なだけでなく、物事に落ちついて対処できる状態という解説に、思わず「うん、うん、そうでありたい」とうなずきます。

次男に「平常心は大切だと思うか」と聞くと、「そんなに大切かなあ。楽しいことがあって心がウキウキするのもいけないの?」とスルドイ逆襲。

しかし、私は楽しいときに周囲が見えなくなり、その場の空気が読めず、周囲に迷惑をかけていることに気づかず失敗をした経験は数知れず。

楽しいときでも、どこかで平常心を保っていたいと思うのです。何かにつけて、心に鳥肌が立つようにザラつく我が心を、赤ちゃんのほっぺたのようにすべすべにしておきたいと思うのです。

そのためには、強いられた緊張であっても、それを楽しむ心の余裕と、不安の正体を見抜く智恵が必要でしょう。

「まだ緊張できるんだから私もたいしたものだ」と冷静に思えるようになるのも、「不安だけどやってみなければわからない。心配するのは、やることとやってからにしよう」と開きなおれる智恵も、退屈な〝ふだん〟の中から育つものです。

〝濁り酒でも静かにすれば、いつの間にやら澄んでくる〟は、私の座右の銘の一つですが、濁りはじめた心を静かにする時間こそ、特にやることがない、じっとしている退屈な時間だと思うのです。

退屈を愉しめると……欲が小さくなり、生きるのが楽になる

原稿を書いていて行きづまったときを筆頭に、体を長時間動かさずに血行がよどんでいると感じたとき、クヨクヨ悩んだときなどに、私はあえて退屈な時間を作るために犬をお供に、三十分から一時間の散歩に出ます。

ありがたいことに、お寺から歩いて五分ほどのところに東京ドーム十八個分の敷地面積の公園や、堤防と河川敷が整備されている川が二本流れているので、散歩コースに困りません。四季折々の草木の姿や空気感、公園や川までの住宅街の風景は、**「あなたはすでにすべてを持っている」**と語りかけてくれているように感じます。

家々の表札を見ればローマ字のものもあり、昔ながらの木の表札もあります。私の家には表札がありませんが、なくてもお寺に住んでいるので、本堂という建物自体が表札のようなものです。

アパートの横を通れば、日が暮れているのにまだ出しっぱなしの洗濯物が萎びたように干してあります。我が家では家内が毎日洗濯し、夕方に取りこんで、きれいにた

たんだあと、タンスや引き出しの中にしまってくれています。

冬枯れしていた芝生は、春になると緑の絨毯になります。それを見て、かつて悩んで萎れかかった私の心も、いつの間にか張りを取りもどしていることに気づきます。

夏になれば、欅《けやき》、樅《もみ》の木、桜の木の根元に、七年も土の中で過ごし、たった一週間の恋の季節に命をかける蟬たちが出てきた無数の穴が空いています。宇宙規模の時間の中では、自分の一生が蟬たちの一週間にも満たないのをしみじみと感じます。

夏から秋、二カ月以上も次々に花をつけるシロツメクサ（クローバー）の上を歩けば、「約束」「私を思って」「復讐」の花言葉を思いだします。約束して実行していないことはないだろうか、自分のことばかりわかってほしいと思って他人のことはわかろうとしていないのではないか、復讐したい奴はいるだろうかと自問自答します。

夜歩けば、星の輝きに「この光はほとんど過去の光。こうして、私はいつだって過去と現在を同時に生きているのだ」と時間の旅人のような気になります。

こんなことを考えながら歩いているので、退屈を愉しむために散歩に出ているのに、退屈しているヒマはありませんが、**自分の周囲に自分が求めているものがすべて揃っているのを実感でき、欲が小さくなって、楽に生きられるようになったのです。**

退屈を愉しめると……「本当の友人」が見えてくる

平安時代の僧覚鑁《かくばん》が無言行の間に書いたといわれる文章に『密厳院発露懺悔文《みつごんいんほつろさんげのもん》』があります（密厳院は当時覚鑁が住居していたお寺）。

この文は、自分も含めて堕落している僧侶の実態を赤裸々に綴り、それを仏の前にさらけだして、最後にそんな人たちの報いを自分が受けますと結びます。罰や、苦しみを誰かの代わりに自分が受けようとする慈悲の態度を、仏教では代受苦《だいじゅく》といいます（この誓願を持っている仏さまとしてはお地蔵菩薩さまが有名です）。

この文の中には、お坊さんのみならず、誰もがギャフンと言いたくなるような言葉があります。

遊戯笑語徒送年（ゆけしょうごしていたずらにとしをおくり）——笑って遊ぶことばかり考えて、大切なことをしないで時間を過ごす。

諂誑詐偽空過日（てんのうさぎしてむなしくひをすぐ）——人にへつらいたぶらかしてばかりで自分を高めようともしない。

不随善友親痴人（ぜんゆうにしたがわずしてちにんにしたしみ）――善い友の意見に耳を貸さず、自分の心がすさんでくるような輩と仲良くしている。

欲得利養賛自徳（りようをえんとほっしてじとくをさんじ）――自分の利益になるように自慢する。

欲求名聞毀他罪（みょうもんをもとめんとほっしてたざいをそしる）――自分の評価を上げようとして、他人をけなす。

見勝徳者懐嫉妬（しょうどくのものをみてはしっとをいだき）――素晴らしい人がいると、嫉妬して引きずりおろそうとする。

まだ続きますが、私が滅入ってくるのでこれ以上はやめておきます。

どれも名句ですが、「善友に随わずして痴人に親しむ」の「善友」がどんな友かを考えたことがあります。

自分を高めてくれるという意味では痴人も反面教師になります（先方は相変わらず痴人のままですが）。**善友はこちらが間違っていれば同意しませんが、理解（共感）はしてくれます。そして、自立していて他人と適度な距離を保てる人だと思うのです。そんな善友は、一人退屈な時間を愉しめる人でしょう。**

退屈を愉しめると……「自然」に感謝するようになる

弘法大師（空海）は、自然が大好きでした。都の活動拠点だった京都の東寺《とうじ》（教王護国寺）では、やることが多かったのでしょう。高野山で過ごすことが多くなった頃、都から「そんな山の上では退屈でしょう。どうぞ、都へ来てください」という手紙を受けとります。

それに対して、空海は返事を出します。

「出家した私には雨露をしのぐ場所はありますが、自分の家はありません。故郷や家族のもとを去り、家を継ぐ必要もありませんし、誰かに仕える身でもありません。ただ独り、貧しい暮らしに満足している身なのです」

「豊かな自然の中にいて、朝一杯飲む谷川の水は身も心も清らかにしてくれます。夕方になって、草木の香りをたっぷり含んだ霧に包まれれば、どんなご馳走よりも満足できるのです」

「木から垂れた蔦や草は体をおおってくれます。葉や木の皮は敷物になります。天が青空という幕をかけてくれ、龍神は白い雲をたなびかせ、雨のカーテンをおろしてくれます」

「時には、鳥がやってきていい声で歌を歌うように鳴き、猿も技巧《わざたく》みに軽やかに飛びはねて見せてくれます。春の花、秋の菊は私に笑いかけ、明け方の月や早朝の風は俗念を洗いさってくれるのです」

一二〇〇年ほど前の高野山の景色ですが、自然が少ない場所で暮らす人にも、こうした感性で自然に触れ、感謝することの大切さを伝えていると私は思うのです。忙しく動きまわっていれば、この感性は、なかなか磨けません。

幸い私は、この空海の文章に触れ、加えて散歩する時間があるので、空海の追体験をしてみようと五感をフル動員して、草や木、土、虫や鳥、雲、星、月などに接するように心がけています。多くのことを見、聞き、嗅ぎ、口に入れ、触ります。

ついにはペットボトルの深めのキャップに水抜けの穴を空け、小さな草や苔を植えたマイクロ盆栽まで始めるような始末。このように、**意識的に身近な自然に接する訓練をすると、気負わずに退屈を愉しめるようになるだけでなく、自然に対して感謝できるようになります。**多くのことに感謝できる人は、幸せな人です。

退屈を愉しめると……「五感」が磨かれる

写経などでも人気の『般若心経』は二七〇文字ほどの短いお経です。その中に「眼も耳も鼻も舌も身もない」と、のっぺらぼうか透明人間を描写するような句が登場します。これは、すべてのものに不変の実体はないという空《くう》の具体的な説明で出てくる語句で、眼耳鼻舌身の五感（身は皮膚のこと。触って得られる感覚のことです）にも実体はないという意味です。

視力は変化しますし、見えていてもそれを脳が認識しないこともあります。探していたものがずっとテーブルの上にあったということはよくあります。

聴覚も変化するでしょう。お年寄りは高音が聞こえにくくなるといわれます。日本人は、英語のLとRの発音をほとんど聞きわけられません。

嗅覚や味覚も人生経験によって変化します。パクチーが嫌いだった人がいきなりおいしいと思うこともあります。妊娠した女性のつわりや二日酔いが、どれほど匂いや味に対して敏感にさせるかはご存じのとおりです（以前、これをつわり真っ最中の家内に言ったら「つわりと二日酔いを一緒にするなんて失礼にもほどがあるわよ！」と怒られました）。

皮膚の感覚も一様ではありません。私は温泉に行って「やわらかいお湯」と言われてもわかりませんでした。

忙しい日常を送っていると、こうした五感はどんどん鈍くなっていきます。見ても見えず、聞いても聞こえず、嗅いでも匂わず、食べても味気なく、何に触れても「だから？　何？」と言うような始末。私たちの周囲は刺激に満ち満ちているのに、それを愉しめません。

ところが、**ボーッとしていると、心の波が静まって形や色、音、匂い、味、感触を受信するアンテナの感度が上がります。**私が温泉へ行っても「やわらかいお湯」がわからなかったのは、風呂上がりのビールのことばかり考えていたからなのです。

五感が敏感になり、そこから受けとる情報を脳が処理することを『般若心経』では、受想行識《じゅそうぎょうしき》といい、それらも一定ではなく変化すると説きますが、その変化を敏感に感じとれるのも、退屈を愉しむ時間と心の余裕から生まれるものです。

世の中は常に変化します。その変化を愉快に愉しむために五感を磨きましょう。

退屈を愉しめると……「日常」に感動できるようになる

この章は、退屈を愉しめるようになると、どんなご利益（？）があるかという流れで進めていますが、逆も真なりです。たとえば「退屈を愉しめると、日常に感動できるようになる」は**「日常に感動できるようになると、退屈を愉しめるようになる」**ともいえます。

奈良の東大寺は今も昔も『華厳経《けごんきょう》』をよりどころとする華厳宗の総本山ですが、このお経の浄行品《じょうぎょうぼん》には、約一四〇項目にわたって、これを見たら、これをするときは、こう思おう！　というモットーが出てきます。もとより、すべてのお経は悟りを目指す弟子たちに説かれた教えですが、私たちの日常の中でも感動できる内容があるのでいくつかご紹介しましょう（ちなみに、感激は感じて激するですが、感動は感じてその後の動きが変わることです）。

厳飾無き者を見れば、諸の飾好を捨てて、頭陀《ずだ》の行を具さんと（頭陀の行は衣食住の欲を払う修行）――心を飾らず、衣服も華美にせず、厚化粧をしていない人を見たら、自分も日常の生活では飾りをなくして、質素に生きようと願う。

大小便の時は、貪瞋癡《とんじんち》を棄てて、罪法を蠲除《けんじょ》せんと――トイレで用をたすときは、貪り・怒り・愚かさを捨て、心を汚すようなことを払いのけようと願う。

若し華の開くを見れば、神通等の法は、華の開敷するが如くならんと――咲いている花を見たら、自分の才能もきれいに咲かせようと願う。

身体を洗浴せば、身心無垢にして、内外光潔ならんと――入浴するときは、心も体もきれいにピッカピカにしようと願う。

睡眠より始めて寤《めざむ》れば、一切智覚して、周《あまね》く十方を顧みんと――目覚めたら、自分の周囲をよく見まわして、多くのことを明らかにし、いろいろなことに気づいて心おだやかに生きていこうと願う。

残念ながら「退屈したときは」という項目はありませんが、私ならこう書くでしょう。

退屈せば、退屈の本義を顧みて、歩を前に進めんと――退屈と感じたら、自分が目標としていることから退《しりぞ》いて屈していることがないか確認し、目標に向かって一歩ずつ前に進むことを願う。

退屈を愉しめると……「自問自答する力」がつく

退屈な時間は、なんでもできる時間です。なんでもできる中には「何もしない」という選択肢もありますが、退屈な時間は、日常ではあまり使われない脳の一部が活性化する気がします。水鳥が水面をのんびり優雅に移動しているように見えても、水中では足を必死に動かしているようなもので、まさに「見ればただ　何の苦もなき　水鳥の　足に暇なき　我が思いかな」です。

私はこの退屈な時間を使って、どれほど多くのことに気づいてきたことでしょう。「人はその人を取りまく状況が変われば、どんなに心の葛藤があろうと、現象としては案外簡単に人を裏切るものだ」と気づいて、「しかし、信頼はそう簡単に築けるものではないから、なるべく信頼には応えていこう」と〝信頼〟に対してぐらつかない芯のようなものができました。

「優越感や劣等感を持って生きていると、それが言動の端々に出て、自分も他人も嫌な思いをするものだ」と気づいて、「だから、人と比べるのはアホらしいのだ。比べたくなるのは、相手と同じ土俵に立っているからで、土俵から下りればいいのだ」と他人と比べる（戦う）必要のない自分の土俵で、一人相撲をするようになりました。おかげで、とても楽です。「こうしたほうが得ですよ。それをしたら損じゃないですか」とおっしゃる人の〝損得〟の土俵には上がらず、「私は損得で生きているわけじゃないんです」と言えるようになったのです。

「要は」とか「結局は」と言われて、話の経緯が台無しになることが何度もあったので、退屈な時間を使って「あの人が話をすぐにまとめたがるのは、だらだら続く話を我慢できないか、自分がまとめることで、問題の本質をとらえていることを自慢したいのだろう」と推察し、「せっかくあのあと面白い話が展開しそうになったのに、〝要は〟で一気にゴールされたときは、〝で、話を戻しますが〟〝さっきの話の続きですけどね〟と、かまわず引きもどしていいのだ」と確信しました。

批判されて苦々しく思い、へこんだときに、「まあ、言われたことはそれなりに正鵠《せいこく》を射ているかもしれない」と批判は貴重なアドバイスだと思えるようになったのも、退屈な時間を過ごしたおかげなのです。

退屈な時間、それは自問自答する力を磨ける貴重な時間でもあります。

退屈を愉しめると……「淡々と生きる力」が養われる

私は東京の西巣鴨にある仏教系の大正大学でアメリカ文学を専攻していました。その片手間で僧侶の資格を取るための最低単位を取りました。ですから、まともに仏教について勉強したわけではありません。

そんな私が三十歳を過ぎた頃、ご主人を亡くされた奥さまから「『般若心経』って何が書いてあるのですか」という質問に答えられずに、五年ほどかけて書いたのが『…なんだそうだ、般若心経』でした（密蔵院のHPでお読みいただけます）。

あるときこの文章を読んだ先輩から「君はろくに仏教も勉強していないのに、空《くう》を説く『般若心経』を解説しているけど、どれだけ空についてわかっているのかね」と言われました。穴があったら入りたい気分でした。

しかし、それから退屈な時間を使って一年。私は一つの結論にたどりつきました。すべてのものは条件（縁）の集合体で、その条件は刻一刻と変化するから固有の実体はないという空について、どれほど勉強しようが、私たちは空という世の中の在り方の中でしか生きていないし、生きられないと納得したのです。その中で、どう生きるかが仏道なのだと覚悟できたのです。先輩の一言と退屈な時間のおかげです。

食卓にはさまざまなお料理が載ります。どれがおいしいとかまずいとか大騒ぎすることがありますが、食事をすることに変わりはありません。こうした、**いくらあがいてもそこから逃れられない土台を再確認するのは、上辺のことに煩わされずに、淡々と生きていく底力になります。**

私が土台として考えるのには次のようなものがあります。

こうしたからといって死ぬわけではない。あれをやったからといって天地がひっくりかえるわけではない。力んでも仕方がない。どちらを選んでもたいした違いはない。誰かがやらなければならないなら、自分がやればいい。時と人が揃わないと物事は動かないから気長に待つ。やるだけやったら、あとはなるようになる。

他にもあるでしょうが、今は思いつきません。無理して覚えておこうと思っていないからです。問題が起これば、その時々に何を土台にすればいいのか、三日もすればわかってくるのを知っているので、バタバタ右往左往しません。解決方法がひらめくまで、退屈な時間を愉しんでいればいいと思うのです。

退屈を愉しめると……本が無上の友となる

人の（おもに女の子の）心理を知りたいと思った私は、大学で心理学の授業を受けました。最初の講義の冒頭で先生はこう言いました。

「この授業で、人の心理がわかるようにはなりません。人の心理を知りたい人は小説を読みなさい。そのほうが、人間の心の機微がずっとわかるようになります」

こうして、私の読書が始まりました。作家が紡ぎだす登場人物の心理描写は人生を深いものにしてくれます。

日本で安楽死の問題を取りあげたといわれる、森鷗外の『高瀬舟』を今一度少しだけ振りかえってみます。

高瀬川は遠島を申しわたされた罪人が京都から大阪へ護送される川の名前で、その護送の小舟が高瀬舟です。弟殺しの喜助の護送を命じられたのは同心羽田庄兵衛。普通なら島送りになるのを悲しがる罪人ですが、一向に苦にしていない様子の喜助に理《わ》由《け》を尋ねます。すると喜助は、遠島を申しつけられた者に遣わされる二百文《もん》が入っている胸に手をあてて、今まで仕事をしてもらったお金で物が食べられたのはよいほうで、多くは借金を返して、また借金をする生活だったのに、牢に入ってから仕事をせずに食べさせてもらえる上に、こうして使わないお金を持つのは初めてだと喜んでいるのです。

それを聞いて庄兵衛は思います。せっかくですから原文の一部を引用します。

――しかし一転して我身の上を顧みれば、彼と我との間に、果してどれ程の差があるか。自分も上から貰う扶持米を、右から左へ人手に渡して暮しているに過ぎぬではないか。彼と我との相違は、謂《い》わば十露盤《そろばん》の桁《けた》が違っているだけで、喜助の難有がる二百文に相当する貯蓄だに、こっちはないのである――まだまだ庄兵衛の独白のような心理描写が続きます。鷗外の筆力のおかげで一気に読みすすんでいけますが、読後に振りかえると、人は短い時間の中でこれほど凝縮した思考をするのかとあらためて認識します。

退屈しているときに、推理小説やサスペンスを読みはじめるとやめられなくなる危険がありますが、やはり**退屈な時間に無上の友になるのは、無限に広がる人の心を旅する本という小舟だ**と思うのです。

退屈を愉しめると……人生がシンプルで快適になる

アメリカで話題になり、日本でも注目を集めている自己肯定感を高める瞑想法の一つにマインドフルネスがあります。ギスギスした心や空虚な心を満たすイメージを持った言葉です。

具体的なやり方は情報が溢れているので参考にされるといいと思いますが、仏教の禅とどこが違うのだろうと思っていると、禅に興味がある外国人から、禅をすると何が得られますかという質問を受けた臨済宗の先輩がわかりやすく説明してくれました。

「座禅して得られるものは何もありません。でも、なくせるんです。怒りや心配、落ち込みや不安、死や年を取ることの恐怖などがなくなるんです。呼吸を整え、姿勢を正しくするなどの方法は同じですが、マインドフルネスは何かを得ることを目的としている一方で、禅は捨てることを目的にしているのです」

足りないものを補充したり、すでに持っていることに気づいて心を満足させるのか、あるいは余分なものを捨ててさっぱりするのかの違いはとても面白いと思います。

私たちは、生きていく上で、人にバカにされないように虚勢や見栄を張り、自分を大きく見せようと自慢し、比べて優位に立とうと人をバカにします。自分を守るために鎧《よろい》を装着していくようなものです。

しかし、鎧をつければ、動きが鈍くなります。

日本では当たり前のようになった、心を軽くするために余計なものを断じ、捨て、離れる〝断捨離〟の考え方が仏教に根ざして生まれたものか、東洋的な発想かはわかりませんが、物質的なフルネスを求めた結果、雑然の極みのようになった自分の部屋を眺めるにつけ、不要なものをなくしたシンプルライフ、ミニマムライフへの憧れが強くなります。

私はまだ僧侶や住職として、たくさんの鎧をつけてガチャガチャと動いています。ブログも、布教活動も、こうして本を書くのも「最近の坊主（お寺）はさ……」と無責任な発言をする人を含めて、お寺や僧侶に期待してくださっている方々に対して「これだけやってますよ」という防衛のための鎧かもしれないと思うことがあります。

退屈な時間を愉しみ、鎧を脱ぎすてた素の自分で、今と同じことができるようになりたいと思います。

退屈を愉しめると……「人生の答え」が見えてくる

寺子屋や寺請《てらうけ》制度の影響で（かなり大雑把ですみません）、お寺の和尚さんが相談相手になってくれる雰囲気が、現在でもほんのり残っています。皆さんが学校で習わない、人生を歩んでいく上で二五〇〇年の仏教の教えを実践していこうとする僧侶に対する信頼が、かろうじて残っているといってもいいかもしれません。

若い友人から「和尚、生きている意味って何？」と聞かれて即答できるようになったのは五十歳を過ぎてからでした。それまでは「それは私も聞きたいよ」「なんだ、和尚もわからないんだ」「そうさ。坊主がなんでも知ってるなんて思ってくれるな。わからないことや悩みが多いから坊主をやってるんだから」と答えるのが精一杯でした。

しかし、それをきっかけに、生きる意味は何か、そもそも人生に意味などあるのかと自分の胸に問うことになり、時間を経て、生きる意味も人生の意味もいつだって〝未意味〟だと腹に答えることができました。意味は自分でつけるしかないのです。

お寺にお参りに来るたびに「年は取りたくないもんですね」とおっしゃる檀家のお

年寄りの言葉を「そうですか」と軽くスルーして幾十歳《いくとせ》。それが「本当に年を取るのはマイナスなのか」という問いになって、心に残ります。我が身をかんがみて、できなかったことができるようになった、少々のことではへこまなくなったなど、年を取るメリットのほうが多いことに気づきます。

子どもの頃から何十年も心のしこりになっていた、やりたいことを制止された「そんなこと誰もやっていないでしょ」と、友達もやっているからとやろうとした時に制止された「人は人、自分は自分」という相反する母の言葉を克服できたのも、自問自答してきたおかげでした。前者は「誰もやっていない理由を考えてごらんなさい」であり、後者は「他人を引き合いに出さないで、自分で考えなさい」ということで、〝自分で考える〟ということで矛盾などしていない、とても正しいことだったのです。

こうしたことは、ある日、ポンと気づくわけではありません。何カ月も、何年も「そういえば、人生の意味って……。まだわからん」「年を取るメリットは？　なかなか見つからないな」「母はどうして矛盾したことをああも簡単に言ったのだろう」と自問自答して過ごした結果、あるとき答えがわかるのです。**まだ見つからない人生の悩みの答えは、ヒマなときの自問自答から生まれてきます。**

3章

「忙中閑あり」ってこういうこと

〝眠り猫〟のような生き方がいい

日々、明けても暮れてもやることがないのはつらいもの。忙しい人がいつかヒマになったらやってみたいあれもこれも、いざ実際にヒマになってみるといつでもできるからとやりもしないのは、忙しく働きつづけて定年を迎えた方々によく見られる光景。

否、定年になってお気楽極楽になった人だけではありません。次の休日にしようと思っていたことでも、いざ休日になれば「まあ、次の休みでいいかな」と先延ばし。そのように順送りにしていれば、積もり積もったやりたかったことが寿命という崖っぷちからナイアガラ瀑布さながら、怒濤のように流れおちていくという具合。退屈な時間を無為徒食に費やした人の末路、かくの如しか……。

結婚し、住職になった私は、そんなふうに思って二十代後半から三十年近く過ごしました。自分の辞書から「退屈」や「ヒマ」を無理して追いだし、退《しりぞ》く心は露ほどもなく、衰えることを知らぬ台風のように、私の通過したあとにはペンペン草一本生えないようなありさまでした。

そんなとき、「五風十雨」という言葉を知りました。これは、五日に一度風が吹き、十日に一度雨が降る気候が作物には最適という意味から、世の中が泰平であることを表す言葉です。加えて、その風は木の枝を揺らすほどではなく、土を流すような雨ではないとし、「五日の風、枝を鳴らさず。十日の雨、土塊《つちくれ》を動かさず」といわれます。嵐のように大地を削り、木々の枝さえ折るような生き方をしてきた己《おの》が人生に鉄拳を食らった気がしました。こんな生き方をしていたら、育つ心も育たないだろうと思ったのです。

同じ頃、日光東照宮を訪れました。家康公の墓所に向かう通路の上にあるのは、かの名工左《ひだり》甚五郎《じんごろう》が彫った眠り猫。牡丹の横で猫がゆったりと寝ている姿は、世の中の泰平ならんことを表しているとツアーガイドさんから聞きました。

私は素朴に**「ゆっくり過ごしても何も悪いことはない。それは心が天下泰平である何よりの証《あかし》なのだ」**と気づいたのです。

猫もネズミを追いかけたり、金魚を狙ったりしますが、花のそばでのんびりと昼寝するのが一番好きでしょう。どうです。あなたもたまには、嵐のような生き方から退屈を愉しむ眠り猫のような生き方へシフトしてみませんか。

たまにはスマホから〝退散〟しよう

インターネットはとても便利。調べたいことがあれば、正確かどうかは別にしても、すぐに情報が得られます。調べるだけでなく、過去の検索履歴から画面には「ひょっとしてこんな情報も知りたいのではないですか」「この情報を見た他の人はこんな情報も見ていますけど、あなたはいかがですか」と提案してくれる丁寧さ。私は人がいいので、丁寧なサービスだと思うのですが、世の中はそう甘くありません。企業があの手この手を考えようによっては、ユーザーをなんとかして利益につなげようと、企業があの手この手で営業を仕掛けているともいえます。

印刷された紙媒体と違って、ネットではカラーが当たり前ですし、動画を見るにも適した環境ですから、企業が営業のために力を入れるのは当然です。リンクを張り、広告を出して、いやが上にも私たちの興味をかきたてます。

私の場合、調べ物の多くは手元にある本や電子辞書などがメインで、たまに絶版の文献を電子版で読む程度ですみますが、ブログやSNSのページでは欄外にコマーシャル動画が映しだされます。それをクリックすれば、たちまち次の画面が現れ、再び膨大な関連情報が、着古したセーターの毛玉のようにたくさんついてくるという具合。それに付き合っていけば、情報の波に飲みこまれますから、早々に退散します。

私はウェブから離れるときには、チャット用語の「退室」も、その場から離れるという意味の「退場」も使いたくありません。スマホで調べ物をしているのを「会議に出ているようなものだ」と思ったことがありますが、会議の目的の一つに情報収集と情報共有があります。しかし、会議にばかり出席している人はいません。会議で得たことをもとにして、具体的にどんな行動をするかが大切でしょう。

そこに集まっていた者がその場を退《たい》して散《さん》じることで、それぞれがやるべきことに取りくめるのですから「退散」を使ったほうがいいと思うのです。

スマホであれもこれもと余計な調べ物をして心をざわつかせていれば、どんなことでもできる自由な時間という意味での退屈な時間への耐性が身につきません。

人と話すという具体的な行動の最中にスマホをいじりたくなる人は、ふだんの生活の中で、ネットやスマホから「退して散じる」時間を、勇気を出して作ってみるといいですよ。その勇気がなければ、ただの意気地なしです。

忙しさの〝裏側〟にあるもの

世に、男性を悩ませるタグ・クエスチョンと呼ばれる不可解な質問形態があります。タグは洋服などについている値段やサイズ、素材などが記された札のこと。つまり服本体ではありません。タグ・クエスチョンは質問がタグで、本体は別にある厄介な言い方なのです。

家内と歩いていて、若い女性をチラリと見れば「あなたって、若い人が好きなのね」と言います。これがタグだと気づかず、「男は誰だってそうさ。お前も若い時があったじゃないか」などと答えようものなら、エライことになります。「若い人が好きなのね」はタグで、本体は「私のことをよく見て」ですから、「お前はあの若さに負けないほど魅力的だよ」と答えるのが正解なのです。

もう一つ私がタグだと気づかなかった家内からの質問は「あなた、最近忙しいのね」です。結婚して十五年ほど「そうなんだよ」と答えつづけていたのですから、我ながら嫌になります。「忙しいのね」はタグです。本体は「もっと私のことをかまってよ」ですから、「そういえば、最近一緒に出かけていないね。来週にでもどこかへ行こうか」が大正解なのです。

さて、忙しい人が口ぐせの「忙しい」という言葉ですが、これは客観的事実を述べただけで、やはり本体が隠されている気がしてなりません。自分で「忙しい」と言うのなら、忙しさの裏側にある本体にも言及したほうがいいと思うのです。

忙しいから、何がどうなっているのか、そして、自分がそれをどう思っているのかを述べるのです。

忙しいことだけに振りまわされないように、まずは「忙しい」というタグだけで終わる口ぐせをやめて、そのあとに「忙しくて〇〇だ」というタグの本体にも言及するのです。

「忙しくて、ストレスが溜まっているんだ」「忙しいから、家庭サービスもできずに、このままでは家庭不和になるのではないかと心配になるよ」「忙しくて、本を読んでいるヒマがないから、バカになってしまうのではないかと不安になるよ」――こうすることで、単に「忙しい」だけを口ぐせにして振りまわされているより、自分の現状を冷静に分析できます。そして、タグでなく、本体に対応できるようになります。

「これ以上は頑張らない」というラインを決める

人は健全に生きるために仕事をしているのに、仕事のしすぎで病気になったり、死んでしまったりする人がいるのはなんとも悲しいことです。

仕事だけではありません。生き方そのものが我武者羅《がむしゃら》で、トコトンやらないと気がすまない人がいます。生きているから〝生き甲斐〟なので、病気になったり、死んでしまったりするのは本末転倒です。

そこで大切なのは**「これ以上は頑張らない」というラインを自分で決めておくこと。**

使命感で物事に取りくむ人は、きっと「倒れるまで」がデッドラインなのかもしれません。そういう人はやるだけやって倒れても本望でしょう。しかし、周囲の人が「そこまでやらなくてもいいではないですか」と注意喚起してくれていたのに倒れれば、援助の手は期待できません。不器用な生き方なのを承知して、それでも頑張ろうという人は、倒れても援助を期待せず、後悔しない覚悟は持っていたいものです。

実は私が「倒れるまで」派なのですが、そんな私でも「そこまで頑張らなくてもいいんじゃないの？」と言いたくなる人がいます。

一つは、「頑張っている自分を誰も助けようとしない」と文句を言う人です。「力を貸していただけませんか」ならまだ謙虚でいいのです。ところが文句になるといけません。自分のやっていることがうまくいかないのを誰かに責任転嫁するようになったら、そろそろ撤退の潮時でしょう。「他人のせいにするくらいならやめればいいじゃないですか」と言いたくなるのは、私だけではないでしょう。

二つ目は、文句ではなく、愚痴を垂れながすようになる人。「頑張っているけど、疲れた」「頑張っても手応えがない」などの愚痴は、聞かされてもどう反応していいのかわかりません。やはり「愚痴を言うくらいなら、やめれば？」と言いたくなります。

三つ目は、頑張っていることをことさらに強調して周囲にわかってもらおうとする人です。認めてもらいたくて仕方がない人です。そういう人は、一度頑張るのを休んで、「誰も自分のことをわかろうとしないと思っている私は、人のことをどれだけわかろうとしているだろう」と気づいたほうがいいと思うのです。

あなたは自分の頑張りの最終ラインを、倒れるまで、文句を言うまで、愚痴をこぼすようになるまで、他人に注意されるまでなど、どこに置いていますか？

「無駄っていうのは贅沢ってことなんです」

ご主人を亡くした年配のご婦人が言いました。

「長男家族と同居していますが、孫たちも大きくなって手がかからず、家事は嫁が全部やってくれるので、私は家にいても何もすることがないんです。外出しようにも、膝が痛くて長い距離は歩けません。毎日やることがなく過ごすのはつらいですよ」

八十歳を過ぎて残りの人生はそう長くない彼女にとって、今日のあり余る退屈な時間をどう過ごすかが大問題なのですから皮肉なものです。

私たちは、何もすることがないのを嫌がるように、忙しく生きようとします。自分で自分を忙しくしているようなものです。

その代表選手が「親分、てぇへんだ」と飛びこんでくる『銭形平次』の八五郎と、『水戸黄門』のうっかり八兵衛。自分で自分を忙しくしている取締役のような人たちです。物語の中ではコメディリリーフとして緊張した場をなごませてくれますが、どうでもいいようなことを当人たちは「てぇへんだ」とおおごとにし、早とちりしてあくせくばたばたしています。

人のことは言えません。私も「ハンカチ忘れた！」や「食べようと思っていた冷蔵庫のプリン食べたのは誰だ！」「もうすぐ惑星直列が起きるんだって！」と、どうでもいいことを一大事にし、真夏のアスファルトを嫌がる犬を「この犬、歩かないから病気じゃないのか？」と早とちりするような始末。あわてなくても、性急に物事を判断しなくてもいいのに、何かしていないと不安になり、いつの間にか猫が縁側であくびをしているような時間を愉しめなくなっていったのです。

私に話し方を教えてくださった村上正行さんは、給料を奥さんに渡すとき、決まって「無駄に使ってくれよ」と言って渡したそうです。その理由が振るっています。「だって、私からすれば無駄だと思うような食器や玄関マットを買うときこそ、女房は嬉しそうな顔をしているんです。必要なものを買って喜ぶ人はいません。水道料金を払って喜ぶ人はいないでしょ。無駄っていうのは贅沢ってことなんです」

この話を聞いて以来、私は忙しくしているのがいいことだと思わなくなりました。

一見無駄に見える退屈な時間こそ最高の贅沢かもしれないと思うようになったのです。

あなたも八五郎や八兵衛みたいに、自分で自分を忙しくしているのかもしれません。

ヒマだと罪悪感を感じるのは、なぜ？

忙しくしていないと罪悪感を持つ人がいます。かつての私がそうでした。イソップの「アリとキリギリス」で、せっせと働いている蟻を尻目に呑気に暮らしていたキリギリスが冬になって大いに困る話も一つの人生訓になって、私の心に残っていました。

イギリスの詩人ベン・ジョンソンの「怠けていると退屈してくる。それは他人が忙しく働いているために仲間がいなくなるからである」という言葉も忘れないようにメモしたくらいです。

学生時代に一緒に遊びほうけていた友達が、いつの間にか勉強ができるようになってビックリしたことがあります。遊びおわってテレビを見たり、寝ていたりした私と違って、勉強していたとのこと。これも私が怠けたために取りのこされた例です。

こうしたことがあるから、忙しくないと罪悪感を抱くようになるのでしょう。他人が勉強している間に勉強せず、他人が働いている間に働いていない自分がいけないことをしているような気になるのです。私の半生は「のんびりしてないで、他にやることあるんじゃないの?」と言われつづけ、他人にも言ってきた人生でした。

仏教語で怠けることを「懈怠《けだい》」といいます。「悟りを目指すために悪を断ちきり、善を修する努力を尽くしていないこと」、あるいは「悟りを求める態度が積極果敢でない」状態で、煩悩の一つです(煩悩は、心がおだやかになるのを邪魔する心で、単に悪い心だけを意味する言葉ではありません)。

仏教で問題になるのは、目標があって、その達成のためにやるべきことがあるのにやらない場合です。**目標もなく、それを達成するためにやるべきこともないのなら、怠けていることにはなりません。**忙しくないからといって、怠けているわけではないのです。

午後の仕事が始まるまでの昼休みには、やることがありません。昼休みの目標は仕事をするためではありません(あえていえば休むのが目標です)から、休んでいようと退屈であろうと罪悪感を持つには及びません。

取りたてて目標もなく、やるべきことがないなら気にすることはありません。忙しくなくてもいいのを知っておくだけで、心に余裕が生まれます。

バタバタしている人ほど、たいして成果を出していない

〝やるべきこと〟に追われ、せわしなく行動している人を称して「バタバタしている」といいます。

「風で木戸がバタバタする」もせわしない動きを表します。木戸はじっとしていたいのに風に追いたてられているようなものです。鳥がバタバタ羽を動かすのは、落ちないように必死になっているからです。

私の生活も、周囲から見れば何かに追われるようにバタバタと動きまわり、じっとしていません。そんな私を見て、仏教学を勉強している先輩が言いました。

「君は私たちが何年もかかって勉強して論文で発表したことを、本の中で三行で書いたり、人前で二十秒でしゃべったりしているのだから、呑気でいいよ」

「はい。褒めてくださってありがとうございます（この対応は、落語を聞いて勉強しました）」

「褒めてないよ」

「私は仏教の教えをわかりやすくお伝えするのに忙しくて、先生のように同じことを何年も勉強しているヒマがないのです」

「嗚呼……、もう勝手にやってくれ」

バタバタと動きまわっているように見えても、私は私で〝仏教の教えで日常の悩みを解決する活動〟を何年も実践しているという自負があります。やることに翻弄されているのではなく、一つの目標に向かっているのです。

目的もなく、次から次にやってくるさまざまな課題をクリアーすることに翻弄されていれば、たいした結果は出ないでしょう。素人がサッカーの試合に出て、チームの中で自分が果たす役割を考えずに、やみくもにボールを追いかけているようなもので、試合の目標の得点につながらないのと同じです。

バタバタしていると、自分の目標などどこ吹く風。何をすべきか、何をしたいのかさえ明確になりません。それを熟慮し、自分のやっていることをチェックし、行動を立てなおすには、一見ヒマで、無駄で、退屈な時間を作らなければなりません。

忙しさに追われてバタバタしている人は桃源郷に遊ぶように、目の前の忙しさから離れる時間を持ったほうが成果が出ます。

「人生そのものが趣味」と言ってみては?

人は生きるために働きます。働くのはあくまで手段であって、目的ではないのですが、「仕事が生き甲斐」「仕事が趣味」とおっしゃる方は少なくありません。損得抜きで仕事をしているのが楽しいし、楽なのでしょう。中には、仕事をして何かを忘れようとしている人もいるかもしれません。どちらも「また仕事? 他にすることないの?」と言われてしまう人です。

そういう人は、お盆や正月休みになると不安になります。俗にいうワーカホリックです。ゆとりある気分になれないという意味では貧乏性ですし、仕事以外にやることがないという点では不器用です。

散々な書き方をして申し訳ありませんが、ワーカホリックは自覚症状がないのが特徴だそうですから、このくらい書かないと「このままではまずい」という自覚を持てない人がいるのです。仕事以外に趣味がない人、家より職場にいたほうが居心地がいいと感じる人は要注意です。

仕事にかまけている間に、大切なことをするのを忘れている可能性が大きいのです。仕事だけの人生では家庭内はもとより、地域の中でも孤立していきます。仕事上での付き合いもそうですが、人間関係は糸を紡ぐようなもので、時間と手間がかかります。

定年やリストラなどで仕事を辞めなければならなくなったとき、仕事以外で楽しむ趣味を準備するにも時間と手間がかかります。

偉そうなことを書いていますが、実は私が貧乏性です。何かしていないと気がすみません。あるとき、「住職の趣味はなんですか」と聞かれ、「お地蔵さまを描いたり、本を書いたりすることくらいですかね」と答えると、「それは趣味じゃない。布教という住職の仕事だよ」と厳しい指摘を受けました。〝坊主は仕事でなく、生き方〟だと思っている私は悔しくて、考えました。

そして、たどりついたのが「人生そのものが趣味みたいなもの」という相変わらず負けず嫌いな結論でした。しかし、たまに料理を作ることも、ぼーっとしている時間も、すべてまとめて趣味になり、とても気が楽になりました。

「仕事が趣味です」なんて照れ隠しのように言っている人は、「人生そのものが趣味のようなものです」と、おおらかに言ってみてはどうでしょう。

仕事ができる人の〝手帳の中身〟

小学校の夏休みの宿題に絵日記がありました。毎夜、その日あったことを書くのは至難のワザでした。数週間分を溜めてしまって、一番困るのは天気の記録でした。次に困るのが、絵の下に書く〝その日の出来事〟。絵を描くより、このほうがずっと大変でした。小学生にとって、縦線が引かれた行すべてをその日の出来事で埋めるのは容易ではありません。最後の一行を残すならまだしも、二行以上残すことに罪悪感を覚えたものです。そこでやったのは、朝起きてからの出来事を大きめの字で逐一書いて、行を埋める方法でした。

「朝起きて顔を洗いました。それから歯を磨いて、ラジオ体操に行きました。朝ごはんを食べてからトイレに行きました。それから漢字ドリルと計算ドリルをやって……」という具合。一行も残さず書けた時の晴々した気持ちは、今でも覚えています。

これがトラウマになっているのでしょうか、スケジュール帳に空欄があると、なんとなく満足できません。へたをすると空欄の日は何もしていないという罪悪感から、何か予定を入れなければと思うのです。

日本が誇る水墨画の〝余白の美〟などどこへやら。一カ月三十日にも及ぶ罫線やマスの中に予定が書かれていない日があると、もどかしささえ感じるのです。

ひょっとすると、社員の予定表が社内に貼られ、空欄がある人は「怠け者」のレッテルが貼られる恐ろしい会社もあるかもしれません。そうであるなら、小学校の絵日記のように「出社、昼食、退社」と予定を書きこむ人が現れないともかぎりません。

本当に忙しい人は、スケジュール帳に予備日のような空欄をあえて作るでしょう。仕事ができる人ほど、やりくりして空いている時間を作るのが上手です。「仕事を頼むなら忙しい人に頼め」といわれる所以《ゆえん》です。

講習や講演の依頼をいただくとき、先方から「日程は合わせますので、空いている日を教えてください」と言われることがあります。それでは結果的に空欄が次々に埋まってしまうので一瞬息を呑みますが、今のところ「この日なら空いています」とお答えしています。空欄があるからいけないのです。**どうせスケジュール帳を埋めるなら、月に何日かは「オフ日」と書いておこう**と思うのです。

あなたも、「何もしない日＝なんでもできる日」を作ってみませんか。

朝からバタバタしない。夜までジタバタしない

音の鳴るものは実際に聞いて買うという原則は、何も楽器だけのことではありません。お坊さんの世界でも「鳴り物は実際に聞いてから。音のいいものを」は常識です。私が住職をしている密蔵院の本堂にある鳴り物の中で、ひときわ大きな音がするのはザル鐘といわれる直径五十センチほどの鐘。ゴーンと鳴ります。

ところが、この音には三つの音が含まれていて、毎朝叩くたびに三つの音の聞き分けをします。叩いた瞬間の音が一つ目ですが、その後に二つの音が残ります。ゴーンと響く音とウォンウォンと唸る音です。叩いてから同時に鳴りはじめる響く音と唸る音ですが、密蔵院の鐘の場合、ゴーンと響く音は三十秒ほどで消えます。残ったウォンウォンと唸る音が聞こえなくなるには三分ほどかかります。

横に座って鐘を叩き、聞き分けをして鳴りやむまで座っていると、その日がゆっくりと動きはじめ、バタバタしないですみます。仏壇に置かれている小さなリンでも、音のいいものなら三つの音を聞き分けできますから試してみてください。

中には仏壇のリンをチチチーンと速く叩く方がいますが、そんな叩き方をしていれば、仏壇の中の仏さまやご先祖に「火事場の半鐘じゃあるまいし、朝から何をそんなにせわしくバタバタしているのだ」と苦笑いされてしまいます。

朝からバタバタしている人は、その日の準備に大童《おおわらわ》なのでしょう。できれば前日にゆっくり準備して、その日のスタートは余裕を持って、落ちついてスタートしたいものです。

昼間やり残したことや、やったことの事後処理を夜になってすれば、バタバタというよりジタバタしているようなものです。せめて夜はゆっくりした時間を作って、心と体を休めたいもの。

時間はかぎられています。ですから、ゆとりある時間を作りだすには、やるべきことをてきぱきとすませて空白の時間を作らないと、朝にバタバタ、昼間がドタバタ、夜はジタバタすることになり、結果的に一日が怒濤のように過ぎていきます。これでは**時間を使っているのではなく、時間という猛獣に使われているだけ**です。

やるべきことが終わらなければ、バタバタするしかありませんが、主体的に生きるために、時間の上手な使い手になりたいものです。

余った時間は仲間のために使おう

「部下と一緒に忙しがっているリーダーは二流である」という言葉をどこかで読んだ記憶があります。一流のリーダーは泰然自若として、事の成り行きを眺め、適したところで、適したアドバイスをして事を成就させるものだということでしょう。ビジネスの世界で生きていない私にはとても無理です。

本書で何度もご紹介している、私が仲間と共に話し方を習った村上正行さんは、アナウンサーとして〝生涯プレーヤーでいたい〟と言っていました。

「たとえば、こうして皆さんに話し方をお伝えしていますが、私は皆さんが泥の中でもがいているのを外から傍観して、『それはそうじゃない』とか『その調子でやってごらんなさい』と言おうなんて、これっぽっちも思っちゃいないんです。私もその泥の中で一緒にもがき、苦しんで、お互い泥だらけで立ちあがったときに『やったじゃないか』って肩を叩きあいたいと思っているんです」

村上さんは生まれも育ちも東京の下町浅草橋。今でも近くには、侍が乗る馬を商う人たちが住んでいた馬喰町《ばくろちょう》、江戸の食料倉庫があった蔵前《くらまえ》、将軍が外出する際に徒歩で先駆けを務めて沿道警備にあたる人が住んでいた御徒町《おかちまち》など、江戸の文化が色濃く残る地域です。

こうした土地柄が育んだのが、一緒にもがくという共同体意識でしょう。私が生まれ、育ったのは江戸と下総《しもうさ》（千葉）をつなぐ両国橋よりもずっと下総寄りの小岩という町ですが、ここもやはり下町気質の強い土地です。

ですから、私ももし部下が忙しがっていたら「どうれ、一肌脱ごうか」と腕まくりして、一緒に事にあたるほうが性に合っています。ただし、私が部下の立場でリーダーが一緒にやろうとすれば、「おっと、お気持ちはありがたいですが、あなたはあなたで監督をしたり、私が精一杯やるための環境を整えたり、私の至らないところを補強したり、後始末をしたりなど、やることは山ほどあるでしょうから、お手を煩わせるわけにはいきません。困ったら相談しますから、それまではどうぞ、後生ですから、あっちへ行っていてください」と断るでしょう。

仲間意識さえあれば、一緒に忙しがっても、泰然自若としていても、人として一流だと思うのですが、いかがでしょう。

時間に使われちゃあいけません

最近では居酒屋のくつ箱くらいでしか見かけなくなった「いろは」。四十七文字を重複しないで使い、仏教の世界観を述べた歌です。

色は匂へど散りぬるを（形あるものはすべて花が散るように滅してしまいます）
我が世誰ぞ常ならむ（この世で誰が常でしょう。すべては変化してしまいます）
有為《うゐ》の奥山今日越えて（悩みごとが多い世ですが、仏の教えでそれを乗りこえて）
浅き夢見じ酔ひもせず（夢見たり酔ったように生きるのを卒業したいものです）

三句目にある有為（為《な》すこと有り）は有畏（畏は恐れる意）と書くこともあります。まったく人生は、日々の暮らしはもとより、やることが多く、貧困、病気、人から嫌われるなど、多くのことを畏《おそ》れ、それらをどうにかしようと苦しみ悩み、それらを解決すべく、私たちは忙しく動きます。

ゆったり過ごしたくても、目の前に「やらなければならないこと」が小高い山のようにあるので、それを越えないと向こう側にある平坦な場所でゆったりできません。

やるべきことに取りかかっても、どのくらい時間がかかるかわからなければ、やるべきことに忙殺されて時間が過ぎていきます。「いわゆる時間に使われてしまう人」です。一方、一つのことにかける時間をあらかじめ決めてから集中して取りくむ人は、時間の使い方が上手といわれます。小学校の夏休みに入る前に「十時から十一時はドリル」「三時から四時までは読書」と小間割りして一日の予定を立てさせられた（？）のは、時間に使われないための予行練習だったのかもしれません。**よくいわれる「もう午後八時」と「まだ午後八時」や、「もう五分しかない」と「まだ五分ある」も、時間に使われている人と、上手に使っている人の心の差でしょう。**

「期限つきの仕事を頼むときは忙しい人に頼め」といわれるのも、いくつも仕事をかかえて処理している人は、時間の使い方が上手だからです。時間に使われてしまっている人は、終わるまでどのくらいかかるかわかりませんから頼むほうが躊躇《ちゅうちょ》します。

やるべきことに追われて時間を使い、「忙しい」を連発する人は、自分の人生なのに、いつまでたっても自分のために使う時間を作れません。

有為の世界を越えた場所は、ゆったりした時間が流れる、「為すこと無し」の無為《むい》の世界です。たまにはそこへ行く時間を作ってみませんか。

注意、忙しさは〝感染〟します

世の中で「伝染するもの」といえばなんでしょう。病気の他には、あくび、笑い、やさしさ、怒り、失礼な態度、そして忙しさでしょうか。実際に忙しいかどうかは別にして、忙しがっている人のそばに行くと、こちらの気持ちまでソワソワしはじめて、気が急《せ》くのです。

誰かが忙しそうにしているのに、自分がそうでないことに罪悪感を抱くのかもしれませんが、それも時と場合によります。私は二十五歳の時、節つきのお経のコンサートのためにニューヨークに行きました。本番前日に仏具などのセッティングのために会場を訪れると、業者さんが忙しそうに舞台に敷くカーペットなどの搬入をしていました。手持ち無沙汰だった私は、いても立ってもいられずに手伝おうとカーペットを持とうとしたとたん、現地のエージェントに注意を受けました。

「それは彼らの仕事ですから、彼らに任せて、あなたは手伝ってはいけません」

人の親切心を制止することに合点がいきませんでしたが、私が手伝うことで労働組合から「自分たちのやるべき仕事を取られた」と訴えられ、莫大な賠償金を請求されるというのです。訴訟大国アメリカを実感した瞬間でした。

人には、それぞれ持ち場、役割があるのですから、人が忙しそうにしていても罪悪感を抱かなくてもいいし、親切心を発揮しなくていい場合があるのを学びました。

社会人の多くは、すでにこうしたことを学んだ人が多いので、一人で忙しそうにしている人に近づく人はあまりいません。人助けはいいことですが、自分のやるべきことをやったら、周囲が忙しそうにしていても、一呼吸する余裕は持っていいのです。

若い仲間の中には忙しそうにしている私を見て、「和尚は毎年本を書いているし、ほとんど休みなく活動しているのだから、僕はまだまだ」とモチベーションを上げる人もいます。自分を奮いたたせるために、忙しそうにしている人にあえて近づくのも一つの方法ですが、急く気持ちのまま行動してもモチベーションは持続しません。私のように、やりたくてやっている人は忙しそうに見えてもヒマで退屈な時間を自分で作っているのです。**忙しさ症候群に感染する危険を避けて、自分のテリトリー内のやるべきことを、やりたいことをやっていけばいい**と思うのです。

同じ感染するなら笑う人、やさしい人に近づいたほうが幸せに生きていけます。

身の丈、身の程、分相応を知る

ある農家のオヤジさんが奥さんに言います。

「見ろ。隣の家は猫の額ほどの土地を耕すのに新しい耕運機を買いおった。うちじゃ、もっと大きいのを買おう」

他と比べて「自分はダメだ」と卑下して落ちこむだけなら、比べる意味がありませんが、他を見て負けてはならじと、その上を目指そうというのですからアッパレです。

これを自分の生活でなく、心の在り方に当てはめれば、きっと素晴らしい人になれるでしょう。仏に憧れて修行する仏教徒も同じ手法で悟りに近づこうとしますが、よき手本を手がかりにして登っていけば、現在の自分より高みへ到達できるのはたしかでしょう。

しかし、自分が高みに登って傲慢になり、人を見下すような比べ方はしないほうが身のためです。世間でいうところの「上には上がいる」のです。自分が見下せば、同時に自分より上の人から見下されることになります。高くなった鼻はたやすく折れます。〝鼻高々の天狗のお面、裏から見たら穴だらけ〟は覚えておきたい古歌です。

始末が悪いのは、自分と他を比べて相手が勝っている（と勝手に本人が思っている）場合に、相手を引きずりおろそうとする狭量な心の持ち主。

友人のAが子ども向けの仏教の本を自費出版ではなく、れっきとした出版社から上梓したことがありました。すると、Aがいない場所でBが「彼は本を書けるほど仏教を勉強しているのかね」と言います。するとその場にいたCがはっきり言いました。

「子どもたちに向けて仏教の教えを伝えるのは、僧侶として大切な役割でしょう。私は本を出したいとも思いませんし、オファーも来ませんが、素晴らしいことだと思います」

Bは自分のやっかみに気づいて反省したのか、理屈から実践へと論点がずれたので諦めたのか定かではありませんが、黙ってしまいました。別の土俵にいるAのことを遠くから非難しているBを見事にさばいて、Aに軍配を上げたCを名行司のようだと思いました。

カラスは鯨になれないし、土筆《つくし》は松になれません。**身の丈、身の程、分相応。比べて有効なのは、同じ土俵で高みを目指そうとする場合でしょう。**

みんなそれぞれ〝都合〟があるのです

父親のお葬式で出棺の際、喪主の長男がこんな挨拶をしました。

「私は親父《おやじ》から、こうしろとかああしろとかと強制された記憶がありません。いつでも『好きなようにやってみろ』と言ってくれたのです。おかげで僕はこれまで、のびのびと自分のやりたいことをやらせてもらいました」

「好きなようにやってみろ」は「やりたいことをやってみろ」とほぼ同義の魅力的な言葉です。普通はやりたいことがあってもさまざまな規制があって、好き勝手はできません。父親はやりたいことをやれなかった自分の人生を顧みて、せめて我が子にはそんな窮屈な思いはさせたくなかったのかもしれません。

あるいは、自分で決めたことは自分で責任を負う自己責任の厳しさをわからせたかったのかもしれません。行きづまったときに、どこでどんな手助けをするかの判断はとても難しく、親としてかなり勇気がいる立場を貫かなければなりません。「行きづまっても知らんぞ」というスタンスではただの冷酷な親です。

自分の欲望のままにやりたいようにやる生き方には困難がつきまといます。喪主の「これまでのびのびとやりたいことをやってきた」は鵜呑みにできません。なぜなら、人にはそれぞれ都合があり、その都合があちこちで他人の都合とぶつかるからです。

自由に生きたいと願っても、それを邪魔する障害が次々に行く手に立ちふさがります。「好きな音楽をやって生きていきたい」と願っても、収入がなければ生きていけません。路上で歌っていれば、道路交通法違反で退去を命じられます。ましてや病気になれば暮らしていけません。このように、周囲に立ちふさがる壁の中でしか自由にやれないのです。やがて、魅力的な「やりたいことをやる」という言葉が幻想であることがわかります。

私も男という限定条件のもと、昭和と平成という時代を生きているという制約、父であり、夫であり、僧侶、住職であるなど、膨大な制限の中でしか生きられません。しかし、その中でも、かなり自由に動けます。先の喪主の「のびのびと」は（さまざまな制約の中で）が省略されているのです。

〝井戸の蛙《かわず》と譏《そし》らばそしれ、花も散りこむ月もさす〟は私の好きな言葉。**行きづまりの多い人生の中でも、愉しみはたくさんあるものです。**

行きづまったときこそ「一人になる」

玩具の中に、壁にぶつかると内部の別のスイッチがオンになって、向きを変えるものがあります。行きづまると方向転換するのです。

子どもの頃からこの機械の動きを見ていて、不思議さを感じていたのは昔の話。三十代を過ぎた頃からは「まるで私の人生だ」と感慨深く腕組みをし、「頑張れ！」と高みの見物ならぬ、高みの応援をしながら見ています。

あらかじめ組みこまれた手順に従う機械と異なり、私たちが行きづまったときの対処法は千差万別です。周囲から「普通はこうするよ」とのアドバイスを受けても、普通は嫌だと依怙地《いこじ》になり、人の意見に従うのは不甲斐ないと見栄を張り、「気詰まり、手詰まり、鼻詰まり、目詰まり、根詰まり、どん詰まりなどなんのその」と向上心を奮いたたせることもあります。人の意見を参考にすることはあっても、とどのつまりは自分一人で判断しなければなりません。

一度ぶつかった壁に、手段を変えてもう一度体当たりすることもあるでしょう。周囲への根回しをしてから再チャレンジする、自分の力を蓄えてから勢いをつけて挑むなどは、自分で決めることです。

行きづまったときに、壁を乗りこえることが目的なのではなく、壁の向こう側へ行くのが目的だと気づけば、無理に壁を乗りこえたり、壊そうとせずに迂回路を探すこともできます。

あるいは、思いきって行きづまったところから元の場所に戻り、「これは撤退や敗北ではない。仕切り直しだ」と自分に言いきかせて別の道を進むこともできます。

どの方法が自分に合っているのか、どの方法でやりたいのか、どの方法の成功率が高いのか……。それらを分析し、判断するのは、やはり一人になったときです。

周囲はこちらが何もしないで手をこまねき、諦めて呆然としているように思って、「考えてばかりいないで、とにかく動いたらどうですか」と言うかもしれませんが、本人にとっては、考えている大切な時間なのです。

ちなみに、我が家でついに解禁になった自動掃除機はセンサーが働いて行きづまる前に向きを変えます。それを見て私は「お前さん、そんなビクビクせずに、一度壁にあたってみたらどうだい」と自分の人生をオーバーラップさせています。

やることがないなら、掃除でもしてみよう

取りたててやることがない退屈な時間は、なんでもできる、とても贅沢な時間です。なんでもできるといいながら何をしていいかわからないなら、一緒に住んでいる人に（一人暮らしの人なら実家へ帰って）、呑気な顔をして「ああ退屈だ。何かやることなーい？」と独り言を言ってみるといいです。

「そんなに退屈なら、お風呂でも掃除してくれ」「洗濯物でも取りこんでくれ」「夕飯の材料でも買ってきてくれ」と、いくらでもやってほしいことを頼まれるはずです。

実際に聞かなくても、想像するだけでやれることはたくさんあるでしょう。

私たちは時間をもて余しているときに、よく「～でもやるかな」と言います。この「でも」は助詞。『新明解国語辞典』では「（消極的にとは言え）条件を満たす事例を一例として挙げる」場合に使われるとあります。他にも多くのことができるけれど、その中の一例を挙げればという意味です。「～でもやるか」は物事を限定していないのですから、おおらかでいいと思います。多く使えば使うほど、おおらかな人生につ

ながっていくでしょう。

さて、退屈を嫌がっている私も、リゾートでのんびりしたいと思うことがあります。リゾートは余暇や退屈を愉しむためにあるようなものです。

そこで、退屈を愉しむための一つの例は、きれいに清掃されたリゾートホテルとまではいかなくても、自分の家を掃除すればいいと思うのです。**「掃除でもしてみようか」**です。

掃除するには物が散らかっていてはできません。リゾートホテルの部屋にはセンスのいい調度品の他に余計なものはなく、いたってシンプルです。それを真似して、いらないものは処分したいもの。掃除の際に必要なのは、いわゆる断捨離です。**私は退屈するたびに、不要なもの（古いハンカチから机の引き出しにある文房具類に至るまで）を十個処分します**（『ためない練習』（三笠書房）を書かせてもらったおかげです）。そして、窓を開けはなって掃除を始めます。部屋の中がきれいになれば、汚れた窓ガラスが気になるので窓掃除をします。家内の前で「退屈だ」と言えば前述のように大変なことになるので、一人で黙ってやります。

そして、きれいになった部屋で、束の間のリゾート気分を愉しむのです。

やることがないなら、一人旅でもしてみよう

退屈を愉しめない人は、いつか迎える退屈な日々への準備をしていないのではないかと、人ごとながら心配になります。

仕事の他に趣味と呼べるものがない人は、定年などでやるべき仕事がなくなればもぬけの殻のよう。病気になってやりたいことができなくなるかもしれません。やるべきことがある間は、退屈しないのでいいのですが、やがて訪れるあり余る膨大な退屈な時間を愉しむ練習を、今からしておいたほうがいいと思うのです。練習の場はいくらでもあります。

電車を待つ間、信号待ちの間、入浴中などは日々のトレーニングになります。他にも、知り合いの法事の席なども格好の練習の場になるでしょう。

私は三十代の時、大先輩から三省堂発行の『新明解国語辞典』の〝やぼ用〟の解説を見せてもらってあんぐり口を開けました。傑作なので全文をご紹介します。

【やぼ用】〔研究・仕事とか趣味・遊びのように、それなりに有意義な用向きと違っ

て〕この世のつきあいの上から果たさねばならぬ用事。法事に出席するなど。〔明言を避ける目的で「ごくつまらない用事」とえんきょくに言う場合にも用いられる〕

坊主としては、どうしてやぼ用に〝法事〟が選ばれるのか気になりますが、〝批判は貴重なアドバイス〟と受けとめて、やぼ用と言われないように法要に解説を入れ、参列者に合わせた法話をするなど、施主が参列者に「次も呼んでね」と言われる法事になるよう心がけています。

誰彼となくいつも一緒にあわただしく過ごすのではなく、都市部よりゆっくり時間が流れている田舎に行く**一人旅なども、自分がいかに退屈な時間を愉しめないかを知り、どのように愉しめばいいかを模索するいいきっかけになります。**旅先でスマホのゲームに興じているようでは、素晴らしい世界に背を向けているようなものです。

〝ゆっくり〟は速くできるのにあえてスピードを落とすこと（〝のろい〟は目一杯やってもその速さのことです）。都市の生活は目的があればいいですが、そうでなければ忙しいだけで、ことさら楽しいところではありません。

速い時間の流れの中にいる都市部の人ほど、日々〝ゆっくり〟を愉しめる力を養っておくといいと思います。

やることがないなら、お茶でもゆっくり飲んでみよう

退屈な時間をどう過ごすか迷ったときの魔法の言葉「〜でもやるかな」の最後の例は、**「お茶でも飲んでみよう」**です。

昭和三十三年生まれの私にとって、十代から二十代の青春と切りはなせないものに、喫茶店（「サテン」と呼んでいた）があります。今ではカフェやファストフード店、ファミリーレストランなど選択の幅が広がりましたが、当時は街なかで退屈な時間をつぶす場所は喫茶店くらいしかありませんでした。言いかえれば、心がおだやかな時間を過ごす場所ですから、仏教が目指す「いつでも、どんなことが起こってもおだやかな心（悟り）」に共通するものがあります。

店主が選んだ有線放送の専門チャンネルの音楽をBGMにして、専門家がいれてくれる薫り高いコーヒーや紅茶をすすりながら過ごす時間は、ゆったりした大人の時間を疑似体験するのに最適でした。お気に入りの音楽とおいしい飲み物と店内のムードが作りだす空間は、退屈を愉しむのにもってこいだったのです。

この時代に喫茶店で時間を過ごした男たちのロマンの一つは、ジャズ、クラシック、ロック、イージーリスニングなどの専門チャンネルがエンドレスで曲を流す有線放送を自分の家に引きこむという今から思えばかわいいもの。ありがたいことに、今や自宅のパソコンには数千曲のお気に入りの曲が入り、それをエンドレスで流せるようになりました。また、飲み物もバリエーション豊富で手軽に自宅で作れるものがたくさんあります。これに、先にお伝えした掃除された空間が加われば、自宅がそのままサテンやカフェになります。

あなたにも、退屈を愉しめる空間があるでしょう。なければ、愉しめそうな空間を想像できるでしょう。退屈な時間があったら、自分でその場所へ行くか、想像した空間を作ればいいのです。そして、そこでお茶でもゆっくり飲んでみるのです。とても贅沢な時間が過ごせます。

他にも、忙しい時間を過ごしている人や、退屈が嫌いな人は「本でも読んでみようか」「散歩でもしてみようか」など、「〜でもやってみようか」とゆるく考えてやってみることをお勧めします。他人を気にしないですむので、できれば、一人でできることのほうがいいでしょう。余暇が充実した心豊かな時間に早変わりします。

4章

むやみに「人とつながらない」

「友達百人」なんて作らなくていい

幼稚園の子どもにとって小学生は異次元に生きている大人のようなものです。その世界への憧れを上手に表現した『一年生になったら』（まど・みちお作詞／山本直純作曲）は、端的に「友達百人できるかな」と期待に胸を躍らせる入学前の彼らの心情を歌います。

幼稚園の子どもにとって百人は、八万四千《はちまんしせん》、八百万《やおよろず》と同じように「ものすごくたくさん」の意味です。友達はかけがえのない財産だと思いますが、だからといって貪欲に溜めこめばいいというものではありません。友達の定義にもよりますが、百人も親しい友人がいたら、付き合うのは大変でしょう。

時々SNSの表示で千人を超える「友達」を持っている人がいますが、そういう人は自分の名前や仕事、事業、活動を不特定多数の人に発信している特殊な人です。相手の顔も名前も知らなくていいですし、メッセージは一方通行でいい関係です。

政治家を目指す人なら千人はおろか数万、数十万人とつながることは当選するために必要でしょうが、普通の暮らしをしているなら、友達がたくさんいていいなどと、うらやましがる必要はありません。その「友達」は一人対千人という関係性であって、一対一が千あるわけではありません。選挙の街頭演説で候補者の声が前を通る私たちの心に響いてこないのは、「皆さん」という言葉で示されるとおり一対多だからです。

一対一の関係が百あるのが、前述の「（名前と顔が一致する）友達百人できるかな」です。つながりの強い人が百人もいれば、その中には見栄っ張りな人、傲慢な人、自己中心の人もいますし、最初はそうでなかった人も生き方が変化し、付き合いにくくなる人も出てきます。それを友達だからと懸命になってつなぎとめておくのは容易なことではありません。

「来る者拒まず、去る者追わず」はおおらかで結構ですが、時にはこちらから去る勇気も持ちたいものです。

友達を多く欲しがる人は、多くの人に認めてもらいたいのかもしれません。しかし、そのためには、こちらも相手を認めなくてはなりません。互いに認めあえる仲間をたくさん作るには、大変な努力をする覚悟が必要です。

私は気の置けない友達が十人もいれば、人生は十分楽しいと思います。

すぐに「誰かとつながろう」としない

退屈だから誰かとつながっていようと必死になっている人はいませんか。しかし、つながっていれば、いつまでたってももて余す退屈な時間を作ることができず、せっかくの退屈を楽しめない場合もあります。

知り合いのオヤジさんは何年も、毎夜スナックや小料理屋に出かけます。家には家族がいるのに、昼間はもとより、夜など一層、何をしたらいいのかわからないらしいのです。夕方お風呂に入ってから、ひげを剃ってオーデコロンをつけて毎晩外出します。帰宅したら寝るだけ。食事もスナックや小料理屋ですませます。

「毎日、お金が大変でしょう」と言うと「三千円くらいさ」と答えます。お金は持っているのです。常連のお店が四、五軒あり、そこを毎日巡回していくのです。いわゆる「馴染みの店」を作るには、いかに頻繁に顔を出すかですから、仕方ありません。お店は商売ですから、家族なら「ふーん」とスルーする話も丁寧に聞いてくれ、ちやほやしてくれます。さびしい客同士も仲良くなります。家では誰もそれほど親身になってくれません。家で家族とつながればいいのにと思うのですが、つながりやすい人を外ばかりに求め、退屈を埋めるというより、さびしさを紛らわせているかのように見えます。

さびしさを紛らわすために人とつながれば、そのあとが大変です。オヤジさんが毎晩スナック通いをするように、つながりつづけないといけないからです。家族はもともと強いつながりを持っているので、少々のことではつながりは切れませんが、知り合いや友人レベルは、コンタクトを取りつづけないとつながりが切れるのではないかと心配になります。年賀状やメールのやりとりだけの知人は、二年年賀状を出さず、メールをしなければ、ほぼ絶縁状態になるのはご承知のとおり。つながりを求めつづける人は、つながりが切れてさびしさが襲ってくるのが怖いのかもしれません。

私は**コンタクトを取りつづけないと切れてしまうようなつながりなら、最初から求めないほうがいい**と思うのです。それより、一人で退屈しているのを楽しむ算段をしたほうがいいと思うのです。

あまりつながりを求めずに、人とのつながりは、「何かの機会にまたお目にかかりましょう」くらいでいいと思うと、とても楽に暮らせます。

「主体性」を大事にする

たくさんの人がやっていると、自分もやりたがる人がいます。中には、他と一緒でないといけないのではないかと思う人もいそうです。流行を追うのは、その最《さい》たるものかもしれません。

日本は島国なので、地域の中で他の人に合わせることが大切とされてきました。周囲と違ったことをすれば、「出る杭は打たれる」のたとえのとおり白い目で見られます。それでは没個性になり、せっかくの個性を発揮できないので、昭和の終わりあたりから個性重視、個性尊重が叫ばれてきました。

個性を伸ばそうとした教育の影響で、個性豊かな面々が続々と登場することになりましたが、やはり住んでいる地域の中で人と違ったことをすれば、変人扱いされてしまうでしょう。その点、似た者同士なら共生しやすいのです。

バレンタインデーのチョコレート、ハロウィンの仮装はもとより、正月のお節料理、節分の豆まき、端午の節句の菖蒲湯、春・秋のお彼岸やお盆、お月見、冬至の柚湯やカボチャなど、伝統文化といわれるものは、大勢の人が一年の節目として大切に過ごしています。

他の人がやっていることをやってみると、楽しさもわかりますし、行事に託された祈りの深さが身に沁みることもあります。「なるほど、大勢の人がやっているにはそれなりの理由があるものだ」とわかるのです。

だからといって、盲目的に他に追従するのは考えもの。やってみるのはいいのですが、その理由がいつまでも「他の人がやっているから」では情けないですし、主体性がありません。子どもの頃に親から「みんなやっているでしょ」「誰もそんなことしていないでしょ」と言われ、それを鵜呑みにしてきた私のような人は要注意です。「みんなやっているから」といっても（この場合の〝みんな〟は多くても三人のことですが）、それが周囲に迷惑をかけるようなことならば、「みんなやっているから」は免罪符にはなりません。逆に、せっかくいいことなのに「誰もやっていないから」を理由にやらないのは説得力がありません。

なぜ多くの人がやっているのか、やらないのか、その理由を自分で納得して取りくむ人が「自立している」といわれます。その意味で、あなたは自立していますか？

ため息は〝心を削る鉋《かんな》〟

娘が「こんなに居心地のいい家にいたのでは自分がダメになる」と一人暮らしを決意したのは彼女が二十八歳になる数カ月前のこと。職場のそばに部屋を借りて鍵を受けとり、実際に一人暮らしを始める三日前の深夜、二つ上の兄にしみじみと語った名言は「あのね、一人暮らしをするという理由だけで、一人暮らしはしないほうがいいよ」でした。さびしさここに極まれりといったところでしょう。しかし、それを乗りこえなければ、根本的な「自分をダメにしない」ための一人暮らしはできないのですから仕方ありません。

さびしい人は、誰かと会ってさびしさを紛らわそうとします。かくいう私もその一人。書いた本が出版される日は「この日を一人で過ごすのはさびしい」という気持ちが湧きあがり、一区切りの余韻と達成感を味わうために「誰か一緒に打ち上げをやってほしい」と切に思います。呼びだされた人は私がいかに頑張ったかを聞かされ、「よくやった」と認め、その上「一人じゃないですよ。応援していますから」と私のさびしさを埋めなければならないのですからお気の毒です（まったく面倒な坊主です）。

幸いなことに私は、さびしいという理由だけで人と会おうとは思いません。仮にこちらがさびしくても相手が自分のことを認め、褒め、励ましてくれるほどあたたかい心の持ち主ならいいのですが、相手もさびしければ傷のなめ合いです。互いが吐きだすため息という〝心を削る鉋〟の屑が二人の目の前にうずたかく積みあがります。そのときはよくても、別れれば〝祭りのあと〟のように寂寥感がさらに募り、さびしさの上に惨めさも加わって、身を苛《さいな》むことでしょう。

人は他者から意識され、認められ、褒められ、役に立ちたいという願いがあるといわれます。たしかにそれが達成されれば、その日が充実したものになります。逆に路傍の石のように誰からも意識されず、認められず、褒められもせず、役にも立てなければさびしいでしょう。しかし、いつでも自分のことを気にかけてくれている人は、めったにいるものではありません。そんなときは、自分で自分を認めるしかありません。何かしら役に立っているのを自覚するしかないのです。そして、それができれば、これほど強いことはありません。**自分を認めることで、人から認められないさびしさを克服しましょう。**

「ヒマ」という理由で人を誘わない

周囲の人は私が忙しいのを知っているからでしょうか、「ヒマですか？」と誘われたことが一度もありません。もしそんな連絡が来たら「ヒマじゃないけど、何かあるなら時間を作るけど、なーに？」と答えるでしょう。

「ヒマなので、ご飯でもご一緒にどうかなと思って」と言われたら、「すりこぎじゃあるまいし、ヒマな時間をつぶすために使われちゃかなわない。お断り申しあげます」と返答します。

呑気そうな坊主に見えても、こちらは原稿を書いたり、お地蔵さまの絵を描いたり、行事の準備をしたり、掃除をしたり、疲れて昼寝をしたりなど、やることが山ほどあるのです。

これが「ヒマをもて余して、さびしさで息が詰まりそうなので、ご飯でもご一緒してくれませんか」ならば、「それじゃ、お付き合いします」となります。何も上から目線で申しあげるのではありません。さびしさを埋めるお手伝いなら、相手の役に立てるのですから、時間を作ってどうにかしようと思います。前項でお伝えしたとおり、役に立てるのは自己肯定の大きな柱になるからです。

ヒマな人が他人を誘いたくなるのはわかりますが、相手にも都合があります。都合は、やることがあるという意味だけではありません。私の場合、ヒマという理由だけで人を誘うような人には、心情的に付き合っていられないという都合も含まれます。

ヒマという理由だけで人を誘う人は、断られると「友達甲斐のない奴だ」と逆切れすることもあるかもしれません。まったくもって身勝手な理屈です。ヒマに関する感覚がマヒしているのでしょう。

そういう人はすでにご紹介した「怠けていると退屈してくる。それは他人が忙しく働いているために仲間がいなくなるからである」を今一度噛みしめたほうがいいと思います。

怠けていない人に訪れるヒマで退屈な時間は、自然にできるものではなく、進んで作りだしているものです。

怠けてヒマな人と、自分が苦労して作りだした大切なヒマな時間を共有したいと思う人はあまりいないでしょう。

毎晩のようにつるんで飲みに行かない

都市部の巷に溢れる居酒屋や小料理屋。仕事帰りに、憂さ晴らしのために、気軽に飲めるお店がたくさんあります。お客さんの中には一人しんみり、スマホを片手に一人の時間とお酒を愉しんでいる人もいますが、多くはグループで和気あいあいの時間を過ごしています。

昔から〝酒は憂いを掃く箒〟といわれます。そこに気心の知れた仲間が加われば千人力。憂いを吸いとる力はサイクロン掃除機並みですから、相手を集めて飲みに行きたくなるのは当然でしょう。

また酒の神バッカスのご威光でしょうか、「人を知るには酒が近道」ともいわれるとおり、しめている心の箍《たが》がゆるんで、隠していた本音がじゃかすか飛びだして、人となりがよく見えます。

そのためでしょう、毎晩のようにつるんで飲む人がいます。経験上、飲みに行く理由などはいくらでもつけられます。思いつくままに、いくつか挙げてみましょう。

〝お酒はね、大人のミルクです〟
〝私が酒を好きなのではなく、酒のほうが私を好きなのです〟
〝人生は短いといいますが、酒を飲むくらいの時間はあります〟
〝お酒は金持ちも貧乏人も、贔屓《ひいき》しないで酔わせてくれるからねぇ〟
〝昨日はお酒に負けたから、今宵はその仇討ちといこうではないか〟
〝お酒はお茶の代わりになるが、お茶はお酒の代わりにならないからねぇ〟
〝飲むのは時間の無駄っていうけど、飲まないのは人生の無駄さ〟

このような、言い訳にもならぬ戯言《たわごと》をのたまいながら、毎晩のようにつるんで飲んでいたのでは、退屈を愉しむどころか、退屈という杯に酒を満たして狂乱しているようなものでしょう（あくまで個人的な苦い経験からの思いです）。

いくら少ない小遣いで飲めても、**一人でゆっくりくつろぐ贅沢な時間を大切にしないのはもったいない**と思います。

毎晩つるんで飲みに行く人にはつらいでしょうが、たまには勇気を出して、一人さびしさと憂いを肴に、退屈という杯に、箒代わりの酒を満たしてみるのもいいものです。

気が乗らないお誘いの断り方

社会人ともなれば、上司からのお酒の席へのお誘いを上手に断る術も身につけておきたいもの。「残業手当てが出るわけではない」「無礼講といってもあとで怒られるし」「付き合わないと査定や昇進に関係するから仕方がない」「本当は一緒に飲みたくない」……、どれほど心で思っていても面と向かって言えるはずもありません。

いわんや同僚に同様の内容を愚痴って、まわりまわって上司の耳にでも入れば最悪ですから、ぐっと飲みこむのが大人の智恵でしょう。

「ちょっと用事がありまして」も具体的でないだけに、印象はすこぶる悪くなります。たとえ〝ちょっとの用事〟でも、具体的な理由を伝えるのが礼儀だと思うのです。「見たいテレビがあるので」は録画ができる現在では、違和感を覚える上司は少なくないでしょう。上司に嫌な思いをさせないために、嘘でも「あいにく、友人の相談に乗ることになっていまして」くらいは言いたいものです。

私の場合、どうやって断るか。いくつかバリエーションをご紹介しましょう。

〝最近、「酒は礼に始まり乱に終わる」って言葉が身に沁みていまして、ご無礼しそうなので、また次の機会にお願いします〟

〝この間、「酒癖の悪い奴にかぎって飲み会を断らない」って言葉を知りまして、私のことだと反省しきり。いい酒飲みだといわれるように、今日はご遠慮申しあげます〟

〝このところ、飲んでいるときにはいつも飲みたりず、飲みおわるといつも飲みすぎているような始末でして、今日のところはご勘弁いただければ恩に着ます〟

〝「酒飲んで、仕事嫌いの朝寝好き」という言葉があるそうで、そんなことをいわれないように、今宵はおとなしく引きあげます〟

〝酔って狂乱、さめて後悔。海よりもグラスの中で溺れる者が多い。賢者も酒のためには愚者となるとも申します。お誘いはありがたいのですが、今日は失礼させていただきます〟

こんな格言を引き合いに出すと、上司は経験したことがない断られ方に度肝を抜かれ、「そうか、それじゃ、またな」と言ってくれます。

本書の賢明な読者諸氏であれば、**「退屈な時間を一人で愉しめるようになるために、今日はお暇《いとま》つかまつります」**もいいかもしれません。

自分と正面きって向き合う時間を作る

昔、二人の修行者が冬に備えて山に柴刈りに行きました（芝ではありません。柴は小枝のこと）。疲れたので、少し休憩。二人はキセルを取りだして一服しはじめました。

「こうして休憩しながらの一服はおいしいな」

「まったくだ。こんなものを吸っていたのでは修行にならないって思うよ」

「でも、仏教の戒律にタバコを吸ってはいかんとは書いてないからな」

「そりゃ、そうさ。お釈迦さまの時代にタバコはまだなかったからね」

「そっか。自分で判断しないといけないんだな」

札幌農学校の教頭に就任したクラーク博士は、他の教師が多くの校則を提案した時、「いちいち禁止事項を決めるのはバカげています。〝紳士たれ〟の一つでいいではないですか。紳士でいる条件を自分で探せないような学生は、自分の人生を主体的に生きていけません」と言ったそうです。

世の中には楽しいことがたくさんあります。つらさや退屈を紛らわしてくれるものもあります。しかし、楽しいこと、楽なことばかりを求め、流され、つらさや退屈から逃げていれば、せっかくの人生が薄っぺらなものになります。

ゲームばかりやっている、友達とつるんで毎晩飲みに行く、自分だけズルをして楽をしようとする、お酒やギャンブルにはまる、ＳＮＳでいつも誰かとつながるなどして**自分と正面切って向かいあおうとする勇気と時間がなければ、人生を主体的に、力強く生きていく力は養われない**でしょう。

その力がないと、途中で「このままではマズイ」と思っても、「今更手遅れだ」と諦めの達人になるか、「私のせいではない」と責任逃れの名人になる気がします。ゲームやＳＮＳにのめりこんでいる人はそれに気づかないのかもしれません。あるいは気づくのが怖くて逃げているのかもしれません。

生きていく上で、今やっておいたほうがいいことがあるでしょう。本を読むのも、美術館へ行くのも、映画を観たり、散歩するのもいいでしょう。

偉そうに書いていますが、私もそんな流されっぱなしの時期を過ごしていました。そのとき、私を奮いたたせたのは親や友人からの、臆病者、不甲斐ないなどの言葉でした。あなたの周囲にも言って奮いたたせたほうがいい人はいませんか。

淡交――水のようにあっさり人と付き合うコツ

ＳＮＳなどでしばしば問題になるのは、「読んでいない」とか「返信がない」などから派生する人間関係のもつれ。仲間うちに、妙に粘着気質的な相互依存体質があるような気がしてなりません。

人はどこかにさびしがり屋なところがありますから、誰かにかまってもらいたいという願望はあるでしょう。しかし、それが過ぎればネチネチしたしつこさにつながります。『荘子《そうじ》』の中で「小人の交わりは甘きこと醴《れい》のごとし」（徳のない人同士の交わりは、甘酒のようにベタベタしている）といっているのはこれでしょう。

『荘子』ではこの直前に有名な**「君子の交わりは淡きこと水のごとし」**があります。徳のある人の交わりは、水のようにあっさりとさらりとしているというのです。

どうしてそんな関係になれるかといえば、徳のある人は他人がどうであれ、自分のやるべきことがわかっていて、信念を持ってそれに邁進しているからです。他に依存しなくてもよい自我を確立しているのです。

だからといって、冷たいわけではありません。独立峰のような気高さを持ちながら、他人と一緒のときは相手に関心を持ち、共に喜び、悲しむだけの徳を備えています。付和雷同とは違い、〝和して同ぜず〟の人です。そういう人は一人の時間を充実させ、退屈な時間さえ愉しめる心の余裕があります。

世の中にはそんな人が実際にいるもので、私が「淡交」の実践者だと思うのは、お酒の席で散々その場を盛りあげていながら、酒に酔っていつの間にか寝てしまう人。疲れていると思うのですが、しばらくすると、もそっと起きだして再び座を盛りあげます。そこには、ねちっこさも悪意もまったく感じません。

真面目な人、お人好しな人、誠実な人ほどこうした淡交が苦手な気がします。相手の期待に応えようと精一杯になるがゆえに、つい相手の感情に鈍感になり、結果的に関係を壊して自己嫌悪に陥ります。期待に応えてあげることで相手に喜んでもらうことばかり考え、相手の期待に応えようとすることで自分が相手に依存していることに気づかないのです。

そうならないように、一人退屈な時間を愉しみ、ベタベタせずに**「あなたはあなたでやることをおやりなさい」と突きはなす淡交の勇気**も必要です。

「人のお世話」をしてもいいとき、ダメなとき

小学生の時、世話好きな女の子がいました。自分の時間を削ってまで人のお世話をする子でした。友達が忘れ物をすれば誰より早く自分のものを貸してあげます。転んで膝から血を流す子がいれば、つきそって保健室へ行きます。子ども心に彼女のことを過保護な母親かお節介が服を着ているようだと思っていました。

そんな見方をしていたからでしょう。自分が父親になって痛い目にあいました。

小学五年の次男が中学一年の長男に宿題を教えてもらっていた時のこと。二人が「ああでもない、こうでもない」と頭を寄せて言っていると、小学三年の娘が「何？私が教えてあげようか」と二人のそばに行ったのです。五年生の勉強が三年生の娘にわかるはずがありません。そこで私は言ってしまったのです。

「お前ね、自分の頭の上のハエも追えないのに、人の手伝いなんかしている場合じゃないだろう。自分の宿題をやりなさい」

娘はぐぐっと押しだまると、自分の部屋へ走り、大きな音を立ててドアを閉めまし

た。その後、彼女の部屋から泣きじゃくる声がしばらく続きました。

一部始終を見た家内が私に言いました。「どうして、あなたはあんな言い方しかできないの。かわいそうじゃないの」――今度は私が住職室に入って泣きました。悔しくて泣いたのではありません。自分のことを置いて人助けをしようとする娘を褒めてやれこそすれ、それを叱るとはなんと情けない父親だという悔恨の涙でした。

娘はこうした経験から、人の世話をしたほうがいいときと、しなくていいときを学んでいったのだと思います。同時に、私は徐々に立派な（？）父親になっていったのです。

大蔵経の『現病品《げんびょうぼん》』の中に、病人を看護しないほうがいい五つのタイプが示されているそうです。①薬を調合する能力のない人（どう助けていいかわからない人）。②病人の適不適がわからず不適当なものを与えてしまう人（どんな助けが必要なのかわからない人）。③利益のために看護して慈心がない人（いい格好しいの人）。④大小便、嘔吐物を嫌う人（きれいごとしか考えない人）。⑤機会があるときに病人とよき会話ができぬ人（聞き上手でない、一方的な話しかできない人）。

私は、この他に**「他に自分のやるべきことがある人」**を加えてもいいと思うのです。

ご近所付き合いを見直す

日本では震災が起こるたびに、日頃のご近所付き合いの大切さが喚起されます。それが緊急時の助け合いの土台になるからでしょう。

地方の僧侶仲間に聞くと、朝七時にもならないうちにお寺に来て、一時間ほどお茶を飲んでいく檀家さんがいるそうです。あるいは九時頃からお昼までお茶していく人もいるそうで、「田舎の寺は地域の集会所みたいなもの。それも大事な寺院の役割さ」と笑顔で答えます。

一つの村に神社とお寺が一つずつというのは、寺が戸籍管理や通行手形（今でいえばパスポート）発行などの役所の機能を持つようになった江戸時代に確立したものでしょう。一世代を三十年とすると、その土地に十代三〇〇年住んでいる家々は、それだけで家族のようなものです。家族は互いに気兼ねなどしませんから、都市部に住んでいる人たちが思うほど、「付き合いが大変」という意識はないようです。

明治以来住職が不在だった密蔵院（東京の東のはずれ、小松菜や花の生産農家が多く、住人の多くは農協がメインバンクという土地）に一二〇年ぶりに私と家内が入ったのは昭和五十九年。その頃は、玄関でなく、庫裏《くり》の台所の戸を開けながら「こんにちは」と入ってくる檀家さんが少なくありませんでした。

こうした、家や人間関係が濃密な環境で育った人が都市部に居を移すと、味気ないほどの人間関係を心地よく感じる人がいます。しかし、一方で隣の家に住んでいる人の顔さえわからないことに、孤立感を強める人もいるでしょう。そこに「近所付き合いは大切」というスローガンが耳に入れば、無理して濃密なご近所付き合いをしないといけないのかと、そわそわするかもしれません。

密蔵院周辺はすっかり都市部になりました。この土地に来て三十年。家内はともかくとして、私はまっとうなご近所付き合いをしていません。街を歩けばあちらこちらで挨拶し、近所の家の家族構成はある程度知っています。隣の家の犬の名前がリンで、アレルギー体質なことも知っています。

近所といえば、昔から隣組の基準になったとされる〝向こう三軒両隣〟。災害などで助けあう最小単位でしょう。その中で、**無理せずに笑顔で「おはよう」「こんにちは」「こんばんは」くらいが言える関係性があればいい**と思うのです。

人脈なんて、簡単に広がらない

言葉のニュアンスに敏感な友人が「人材という言葉は、人間を材料や素材にしているようで好きになれない」と言いました。私も人材という言葉を使ったことがないので、なるほどと思った記憶があります。

あるとき、「広島の原爆で焼けた家の火が受けつがれているので、各地で行なわれる平和イベント主催者にその火種を平和の火として配る配火式を密蔵院でやらせてもらえませんか」という依頼を受けたことがありました。打ち合わせのためにお寺にやってきた彼は、話が進む中で映像を流す担当者がいないことに気づきました。すると携帯電話を取りだして、誰かに電話をしました。てきぱきとやるべきことを決めていく彼に唖然としていると、私が目をパチクリさせることを話しだしました。

「突然すみません。以前イベントでお会いしたAと申します。実は平和の火の配火イベントで映像を使うんですが、どなたかそれができる方とつないでいただけませんか。ああ、ありがとうございます。では、またご連絡します」

それまで聞いたことがない不思議な会話でした。彼に聞きました。「今の相手は知っている人？」「以前イベントで一度会って、互いに連絡先を教えあった人です」「で、『つなげて』って、紹介してほしいってこと？」「ええ、そうですね」「とても気軽に頼んでいるように聞こえたんだけど、イベントやる人たちってそうやって、簡単にネットワークが広がるの？」「ええ、お互いさまですから」と、まさに人材です。

私も人を紹介することはありますが、一度会っただけの人から「誰か紹介して」と言われれば、その無遠慮さに躊躇《ちゅうちょ》するでしょう。それくらい軽い人は、きっと一事が万事、その調子でしょうから、深く付き合う気にはなれません。

時として、初対面の人とでもあっけないほど意気投合できる場合がありますが、その人となりや気心を知るには時間がかかります。**「あなたのためなら一肌脱ぎます」という人情は、何度も会い、同じ時間と空間を共有し、同じ体験をすることでしか育まれない**でしょう。

人脈という言葉だけに憧れて人情が通わない人脈をいくら広げても、薄いクレープの皮みたいに、すぐに破れてしまいます。

誰かに相談する前に自分でじっくり考えましたか?

自分でじっくり考えず、すぐに誰かに相談する人はあまりいないでしょう。

もし、いたとしたら依存症か、自分の考えになんの自信も持てない人でしょう。こんなときはどうすればいいのだろうと悩んでばかりで、こうしたらこうなるだろう、ああすればああなるだろうとシミュレーションできないのです。それまでの人生経験が圧倒的に不足しているか、他人の体験から何も学んでいないのかもしれません。

「これってどう思います?」

「どう思うって、あなたはどう思うの?」

「いや、まだ何も考えていないんです」

もし周囲にそんな人がいたら、一緒に共通の体験をして、そこから何を感じ、何を学べばいいのかを丁寧に教えてあげるといいでしょう。

人に相談することは悪いことではありません。全国のお寺は宗教法人で、代表役員が住職です。人々の幸せを願い、活動の場であるお寺を守っていくのが役割ですから、余程のことがないかぎり檀家や信者、他の役員から住職がやることに反対意見は出ません。そもそも、「善いと思ったことはすぐにやってみろ」は仏教の教えなのです。ですから、人々の幸せ、お寺のためなら、やりたいことは比較的自由にできます。

私も密蔵院に入って三十年間そうやって御詠歌（伝統的な讃仏歌）、写仏（仏さまの姿のトレース）、法話、コンサートなど、寺の外では声明《しょうみょう》（節つきのお経）ライブ、講演、執筆などをやってきました。しかし、一人で決めて実行するというのは、ある意味で自分勝手です。

一つのことを、別の角度から見るのはなかなか難しいもの。一つのことを立ちあげれば自分ではシミュレーションできなかった事態が発生するものです。それで失敗することもありますし、周囲に迷惑をかけることもあります。ですから、**まずは自分で考えてから「こうしようと思うのだけれど」と人に相談するのはとてもいいことです**（どうか、家内がこれを読みませんように）。

さまざまな視点で物事を観る〝観自在〟は、「一つのことにとらわれない＝自由」という意味で、仏教でとても大切にしている教え。まずは自分で観自在に考えてから、相談しましょう。

仏教が教える「一人ぼっちの愉しみ方」

僧侶は孤独なイメージがあるかもしれませんが、そのとおり。おだやかな心を育むために、僧侶は静かで孤独な時間を持とうとしているのです。

お釈迦さまの最後の説法とされる『遺教経《ゆいきょうぎょう》』には、次のように書かれています。

「煩わしさや気苦労のない心身を得るためには、時には喧騒を離れ、独り閑居するのがいいでしょう。自分のことからも、他のことからも、すべての欲から離れて、独り自然と向きあい、心静かに、苦の根源である自らの煩悩や、無明に思いをめぐらす時間をお持ちなさい。

多くを願えば、悩みも多くなります。たとえ大木でも、たくさんの鳥の棲家になれば、枝が折れ、枯れることさえあります。多くの願いは、多くの鳥と同じなのです。

世間の束縛や、欲への執着は錘《おもり》となって、多ければ多いほど、あなたを苦しみの海の深みへと沈ませていくのです。象は水に入るのが好きですが、沼に深入りした老象が、泥に溺れて自ら出られなくなるようなものです。

喧騒や執着、束縛から離れる時間と場所を持つことは、とても大切です。それを遠《おん》離《り》といいます」

一人になって何をするかといえば、禅定《ぜんじょう》（精神統一）して、智恵を磨けと説きます。「自分の心を、自分のものとして手なずけておくには、精神統一する禅定が最良の方法です。清く澄んで波のない池の水面が、内外の状態をありのままに映しだすように、**心を一つのことに定めて、意識がクリアーで、静まっていれば、世の中の移り変わりなどの様相をそのまま真の姿として観じることができます。**

ふだんから精神統一する時間を持てば、間違った判断をして後悔することもありません。〝短慮は功をなさず〟です。

ですから、精神統一の時間を作るように心がけなさい。心が一カ所に定まって清らかになれば、心が散乱することもなく、そこから智恵が育つのです。

泉から水を引いて生活している人が、途中の水路から水漏れしないように用心するように、心を静かに定めて、智恵の水を漏らさないように心がけるのです」

右は薬でいえば処方箋。処方箋だけ読んでも病気は治りません。そして、薬を飲むか飲まないかは本人次第だとも説かれています。さて、あなたはどうしますか。

「相手の退屈」も尊重する

「親しき仲にも礼儀あり」の礼儀の中には、適度な距離を保つことも入っています。物理的なパーソナルスペースはもとより、心理的な距離感がわからずに距離を取りすぎれば他人行儀、つれない、そっけないと言われます。私は十代の頃、他人に対する興味はありましたが、相手に根掘り葉掘り聞くのは失礼だと思っていました。

二十代になると、今度は親しみを込めすぎて失敗しました。檀家さんのお通夜に父と一緒に拝みに行った時のことです。当時はまだ自宅で葬儀を行なうのが普通でした。お経を終えて茶の間に通されてご馳走になっていると、もじもじしている私に気を使って話しかけてくれる人がいます。

「うちの娘があなたと同い年くらいです」という言葉に、私は「娘さんはおいくつですか」と返しました。五分ほどすると、そのお宅が代々応援している国会議員がお焼香に来て、やはり茶の間へ通されました。父とは知り合いのようだったので、私は「〇〇さんは、父とどういうご縁ですか」と聞きました。

帰りの車の中で父は呆れたように言いました。「お前ね。人さまの娘さんのことは『お嬢さん』って言うんだ。親を目の前にして『娘さん』なんて言っちゃダメだ。それに代議士をつかまえて○○さんなんて呼ぶもんじゃない。○○先生って言うんだよ」

私は人間関係の距離感をまったくわかっていなかったのです。言われてみれば、私が「娘さん」「○○さん」と言った時、相手の目が一瞬険《けわ》しくなったような気がします。私はそれから十年ほどかけて、ほどよい距離が取れるようになりました。まずは社会人としての礼儀を重んじ、少し離れて丁寧な会話からスタートしていき、徐々に距離を詰めていくのです。

こうした関係は他人だけでなく、家族や恋人の間でも同じです。人は互いに心のパーソナルスペースを持っています。**距離を詰めすぎて、何から何まで相手にもたれかからないで、互いがプライベートや退屈な時間を保てる距離は大切です。**

離婚や失恋をはじめとして、世にいうママロスやペットロスで鬱になったり、心身に深刻なダメージを受けたりする人は、過度に相手に依存している場合が多いものです。電線でつながりながら、適度な距離を保って立っている電信柱のように、一本立ちを心がけたいものですね。

「孤独」はいいけど、「孤立」はいけません

本書で何度もご紹介している村上正行さんは、「私たちの仕事は孤独です。スタジオに入ったら一人、公開録音のステージの司会も一人で務めなければなりません。もちろん支えてくれる人はたくさんいますが、基本的に孤独な仕事なんです」とおっしゃいました。

そして、こうして文章を書くのも孤独な仕事です。僧侶になるための修行も孤独です。その意味で、孤独は悪いことではありません。孤独だからこそ、できることがあります。

この孤独と似て非なるものに孤立があります。

『新明解国語辞典』では、孤独は「周囲にたよりになる（心の通い合う）相手が一人も居ないで、ひとりぼっちであること」とあります。孤独は、頼りになる人が身近な周囲にいないだけで、援助を頼めないわけではありません。その点、孤立は「身のまわりに頼り（仲間）になるものが無い、不利な立場にあること」。援助を頼める人が

どこにもいないのですから、心細いことこの上ありません。

友人のお寺の檀家さんは、奥さんを亡くされて独り身。子どもはなく、ご自身も八十歳を過ぎたので、先祖代々のお墓を撤去して奥さんと自分も含めて永代供養にしたいとおっしゃったそうです。住職である友人は言いました。

「ご意向はよくわかりました。しかし、まだあなたのご兄弟がいらっしゃるし、その子どもたちにしてみれば、ある日、祖父母が眠っているお墓が跡形もなくなっていたなんてことにはしないほうがいいと思うのです。ですから、親戚としっかり相談されることをお勧めします」

私のお寺でも似たようなケースがあります。孤独を覚悟して自分のやりたいように生きた結果、気づけば孤立への道をまっしぐらに進んでしまう不器用な人は少なくありません。

「どうせ人は誰でも一人で生まれ、生き、死んでいくのさ」と強がりのようにおっしゃる人は、孤独を孤立と同じだと勘違いしているのかもしれません。それではせっかく援助してくれる人がいるのに、自ら遠ざけることになります。**孤独になり、それを愉しむのは必要ですが、孤立しないほうが人生は楽しくなります。**

大勢の人に囲まれても、さびしさは癒やせない

フェイスブック、ツイッター、インスタグラム、ラインなどのＳＮＳだけでなく、イベントや宴会、パーティーなど、人が大勢集まるところに参入してさびしさを埋めようとする人は少なくありません（仕事のために情報を収集し、発信するのが目的の場合もありますが）。日常で人とのつながりが希薄になっている反動なのかもしれません。

かつて東京砂漠という言葉がありました。人が大勢集まっていて、にぎやかな気がする都会ですが、実際にそこへ行ってみれば人間関係は恐ろしいほど希薄で、人情味もなく、互いに無関心で心が乾燥しきっていて、まるで砂漠のようだという意味です。

平成になってからというもの、心の砂漠化は東京という地域だけでなく、ＳＮＳ砂漠を筆頭にイベント砂漠、宴会砂漠、パーティー砂漠など、すべてが砂漠化の様相を呈しているようです。

〝いいね！〟〝既読〟などメンバーからの反応がなければさびしさを覚え、不安にな

ります。パーティーでも誰とも話さずに、他の人に話題が集まると「どうして私が話の中心にならないのか」とふてくされ、不安になります。挙げ句の果ては、自慢の時計をこれ見よがしに見せびらかして「ああ、暑いな。時計はずそうかな」と撒き餌さながらに独り言をつぶやくような始末。

自分の心が空虚のままなら、いくら大勢の人に囲まれても表面の欠けた部分にパテを埋めて応急処置をするようなもので、さびしさはなくなりません。

『大辞林』で「さびしい」をひくと、「人恋しく物悲しい。孤独で心細い」は二番目の意味で、第一義は「あるはずのもの、あってほしいものが欠けていて、満たされない気持ち」です。〝あるはずのもの〟や〝あってほしいもの〟は、外部から与えられるものではありません。

一人でいても大丈夫、退屈でも大丈夫と、他に依存しないでいられる自分を作る以外に、さびしさを埋めることはできないでしょう（どのように埋めていくかは本書でご紹介しています）。

心が充実すると、大勢の人といなくても不安になることはありません。同時に、大勢の人といても、心ゆくまで楽しい時間を過ごせるようになります。

万人に好かれる人も、万人に嫌われる人もいない

人から自分がどう思われているか気になって仕方がない人がいます。人気商売なら仕方ないでしょう。芸能人、政治家、他にもサービス業に携わっている人は、相手にどれだけ共感してもらえるかはとても大切です。

しかし、一般の私たちは、自分がどんな人たちから、どれくらい好かれ、嫌われているかなど、それほど気にしなくてもいいでしょう。それを気にすれば、人気という糸で操られるマリオネットのように生きていく羽目になります。

マスコミが発表する芸能人の好感度ランキングや、政治家の支持率などを熱心に確認してしまう人は、「ひょっとしたら、自分も人の目を気にして生きているのではないか」と、退屈なときにチェックしたほうがいいかもしれません。

釈迦もキリストも孔子も、多くの人から支持されましたが、「なんだ、あんな奴」と嫌う人もたくさんいました。歴史的な評価で悪人といわれる人でさえ、その当時はもちろん、現在でも支持する人は少なくありません。人はそれぞれ好みがありますか

ら仕方ありません。

多くの人から好かれれば気持ちよく生きられるのはたしかでしょうが、「みんなから好かれるということは、日曜の翌日が金曜になるくらいあり得ない」と覚悟するのは、自立して生きていくためにとても大切なことです。子どもの頃から〝みんなに好かれる人〟がいるように思って、それに向かって努力している素直な人は、そろそろ**〝すべての人から好かれる人もいなければ、みんなから嫌われる人もいない〟という考えに修正したほうがいい**と思うのです。

実際に、私たちは「好き・嫌い」の花占いのように他人を二極化して意識しているわけではありません。自分に多少の好意を持っている人が周囲に集まる（集める）ことはあっても、知り合いの多くは、好きでもないし、嫌いでもない人たちでしょう。

私は、多くの人から好かれる最も確実な方法は、こちらが多くの人を好きになることだと思っています。もちろん私が相手のいいところを探して「この人のこういうところはいいな」と好きになったからといって、相手が自分に好感を持ってくれる保証など、どこにもないことも知っています。それでいいと思います。自分から人を好きになる前向きなエネルギーは、自分が嫌われる恐怖より、ずっと強いものです。

力まない――すると、余裕が生まれる

生きていると、できなかったことができるようになる、以前より努力できるようになる、耐えられるようになる、周囲のことが見える余裕ができるなど、なだらかなスロープを上がるように成長していきます。

しかし、時に階段をポンと一段上がるような成長をするのが、負荷がかかってそれを克服したときです。

お寺には年に何度か大行事があり、手紙の発送や供物・弁当の手配などの準備は一カ月ほど前から始まります。当日は本堂が法事では考えられない人数で一杯になります。近隣のお寺の住職にもお経を唱えていただくなど、私の気の使い方は尋常ではありません。段取りは次第に慣れますが、終わると精も根も尽きはてていました。

このような無理をしながら準備に明け暮れていたある日、私は一人勝手に（つまり孤独の中で）大変な行事だと勝手に思いこんでいることに気づき、「人数が大勢集まる大きめの法事だと思えばいい」と考えるようになりました。すると、肩の荷が一〇

○分の一くらいになりました。私が階段をぴょんとのぼった瞬間でした。

無理をした結果、無理をしないでいいとわかったのですから面白いものです。以来、「無理はしてみろ、無茶するな」は私の座右の銘になりました。

知り合いに、孤独を恐れるかのように一人ネットショッピングに没頭し、日の暮れぬうちから酒を飲み、飲めば考えていたことを相手かまわずぶつける人がいます。「素面《しらふ》のときはいいけれど、酒を飲んだら虎狼」とはこのことです。とてもさびしがり屋なのだと思います。情報を入れるか、自分の思いを吐きだすかというインとアウトの矢印がチカチカと目まぐるしく動いているようなものですから、思考を自分の中に留めて、熟慮することがありません。相手から何か言われれば、腕あぐらを組んで防御姿勢を取り反論を考えるのですから、大変だと思います。どんなことも「まあ、いいか」と思えないほど心がタイトなのです。

私は「大行事だなんて思わなくて、まあ、いいか」と鷹揚に構えられたので楽になりました。**物事のありさまを明らかにしたときに出る「仕方がない」「当たり前だ」と同様に「まあ、いいか」も心が楽になる魔法の言葉です。**

「まあ、いいか」と力まない生き方をすると、孤独に対しても強くなれますよ。

人生で転ばぬ先の〝三本の杖〟

面白いことに、私は自分の中の嫌な部分と共通した要素が他人の中にあると、それを敏感に感じます。当初は「嫌な言い方をするな」「どうしてそんなことをするんだ」と反感を持つだけですが、じっくり考えると自分の中に同じ要素があるのがわかるのです。〝人のふり見て我がふり直せ〟とはこのこと。自分が至らないところを直すチャンス到来です。私はこのようにして自分をよりよくしていくのが好きなので、冒頭で「面白いことに」と書きました。それを楽しめるようになったのは四十歳を過ぎた頃からでした。

お寺にいると子どもからお年寄りまで、多くの人と会話をします。その中で、自慢話をするのは、子どもとお年寄り。中間層の方々は、ほとんど自慢話はしません。

子どもの自慢話の多くは、「僕、〇〇へ行ったことがあるよ」「お母さんはお料理が上手なの」と、他人の褌で相撲を取ったり、寄らば大樹の陰的なものです。

お年寄りの自慢話は過去の栄光（苦労話）が頻度的に最も多く、次いで身内自慢です。

こうした自慢話は、「そのおかげで……」と感謝の気持ちが土台にあれば聞いていて気持ちがいいのですが、感謝の気持ちがなければ、聞くほうはシラケるばかりです。

私は、子どもとお年寄りの自慢話がどうして気になるのだろうと考えた結果、各自の中に人に自慢し、認めてもらいたい欲求が大きいことに気づきました。そこで、あらためて、どうして自慢したがるのかを退屈な時間を見つけては考えました。

今のところ「自分を支える杖が少ないから」が結論です。人は自分を支える杖のようなものが必要です。子どもは大人に頼っているのでそれを杖にしようとします。昭和の頃に言われていた「うちの主人が部長になりまして」と自慢する専業主婦と同じです。お年寄りは、それまで自分を支えていた健康や安定した収入などの杖が折れていくので、自分の過去や身内を杖にせざるを得ないのかもしれません。

私が六十歳を間近にしているから申しあげるわけではありませんが、杖が次々に折れ、細くなっていく老後を前にして、堅固な杖を用意するのは四十代だと思うのです。

私が四十代で手にした杖は「変化を楽しむ心」「感謝する心」「ユーモア」の三本。当時はまだ細かったこの杖も、十年以上たって太く頑丈になってきた気がします。

人の目、世間の目を「気にしない」

城壁の漆喰の美しさから白鷺城の異名を持つ国宝姫路城。関ケ原の戦いの功によって池田輝政が入城し、改築に着工してから七年かけた大工事も終わろうかという頃、城大工棟梁岡部八右衛門と弟子二人は秘密漏洩のため打ち首になるところを、残された難所の工事手順一部始終を他の弟子に伝えたあと、自らその場の人柱になる「悲願の人柱」という話が『東西感動美談集』（講談社）に出てきます。作者は作家の渡辺默禅。

この中に、三人の助命嘆願にやってきた群衆相手に、八右衛門が言った台詞がありますす。短い一生の中で人は何をなすべきかを考えさせられるので、少し長くなりますが、現代表記にしてご紹介しましょう。

「みんな見ろ。天にはお星様が光ってござる。その星を見あげて、私《わし》はいつも考える。星の上からこの下界を眺めたら、うじゃうじゃと動いている人間なぞは、眼にも入らないほどの微《ち》さな蟲《むし》、憐れな生き物じゃ。その蟲が寄って群《たか》って泣いたり笑ったり、妬みや怒り、欲と迷い、それ喧嘩じゃ、やれ戦争《いくさ》じゃと騒ぎ立てている間に、劫《ごう》が来ればいかな者でもズンズン黄泉《あのよ》に引取られてゆく。生きる相場は長くて七八十、百歳まで息をつないだところが亀の子の一甲羅、松の一枝じゃ。子々孫々百代千代、暦を繰ったら長いようじゃが、始めも終わりもない不老不死の天から見たら、たった瞬《めばた》き一つ、お太陽《てんとう》さまが欠伸《あくび》をなさる間に萬年二萬年は消えて了《しま》う。蜉蝣《かげろう》という蟲の夢よりも儚い人間の世界ほど、つまらんものはないなあ。ハッハッハ」

お坊さんも同じ内容を「人の一生は夢・幻のごとし」と言いますが、これほど面白くは語れません。私などは誰かが言っていた〝お酒一升人生一生、あると思えばもう空《から》か〟か〝草葉の上に置く露の、風待つほどの（儚い）命〟がいいところ。

このあと、八右衛門は万代不易《ばんだいふえき》（いつまでも変わらないこと）の城を造ったのだから、あとは人柱となりこの城の守護神となるのが望みだと宣言します。

自分の人生をどのように生きるかは各人の自由ですが、人生がたとえ百年あっても亀の子の一甲羅、松の一枝と論《さと》されれば、**人の目を気にしていい子を演じ、自分を偽っておべっかを使い、憎しみや怒り、あれも欲しいこれも欲しいとキョロキョロし、他人と比べて喜び、悲しんでいるなどつまらん**と、私も思ってしまうのです。

「流行りのもの」とはほどよい距離を保つ

自死が少ない自殺希少地域では流行を追わない傾向があるそうです。また、人間関係もあまりベタベタしない関係を多く持つ「疎にして多」の傾向があるといわれます。「あなたはあなた、私は私」と、他に追従しないでいられる個を確立している人が多いのでしょうし、別な言い方をすれば、自己肯定感が高いのでしょう。依存しないでいることが、個の成長を助けるのかもしれません。

僧侶の修行生活もシンプルを基本にして、他に依存しない個の確立の道です。流行とは無縁の坊主頭もその一つ。今年流行のような衣服はなく千年以上同じ形を継承しているのも、姿形で自己アピールせず自己肯定感を高めるために一役買っているでしょう。衣を脱いで普通の服装になれば、世間並みのファッションを取りいれますが、ファッション雑誌を買う僧侶は稀でしょう。

『悪魔の辞典』の著者ビアスは、流行を「賢者があざけりながらも従う、暴君」と解説しています。「しょうがないなあ」と思いつつ、流行という暴君にお付き合いしているようなものだというのです。流行りのものとの付き合いはそのくらいが丁度いいと思います。

かつて、日本酒のある銘柄が爆発的に売れたことがありました。ひょんなことから「あれは私たちが仕掛けたのです」という方の話を聞いて、今更ながら「そういうものだろう」と納得したことがありました。「来年は白が流行りますよ」とおっしゃる占い師の方にその訳を尋ねて「だって、来年はウサギ年ですもの」と言われた時も「じゃ、辰年だったらどうなりますか。干支を知らない外国は?」と質問するのをこらえて、「なるほど、そういうものですか」と感心したフリをしたことがありました。

流行やトレンドにはそのように人為的な操作や、霊的(?)なものの他、多くの人が欲しがるものが時節を得て脚光を浴びることもあります。それらの流行に敏感なのはとてもいいことだと思います。

しかし、ファッション、本、映画、ドラマ、持ち物、食べ物、場所などのトレンドに敏感でいることと、それに追従することとは違います。目まぐるしく変わる流行を追いまわしていれば、心身だけでなく財布の中身も疲弊してくるでしょう。

流行りのものと適当な距離を保つのも、退屈を愉しむ一つの方法です。

5章

〝人生の達人〟に学ぶ時間のルール

「ひらめきには、退屈な時間が必要」

ビジネスシーンだけでなく、人生を生きる上でも必要とされる〝ひらめき〟。このひらめきを得るには、退屈な時間が必要だと言ったのはアインシュタインらしいのですが、私たちの周囲を見わたしても、退屈な時間の中でひらめいた商品や、思考はガンジス川の砂ほどあるでしょう。

私も愛用している、書いた文字を消せるボールペンは、「ボールペンは消えないというのが常識だけど、くっきりはっきり字が書けるボールペンの字が消せてもいいのではないか」と逆転のアイデアを長年研究した産物でしょう。接着剤ははがれないほうがいいという考えを、たまたまできた粘着力が弱い接着剤に応用して商品化につながったはがせる付箋も有名です。あんパンもひらめきのたまものでしょう。

他にも、人生をよく観察した結果、逆転の発想で楽に生きられるようになることがよくあります。負けるが勝ち、百聞は一見にしかず、子ども叱るな来た道じゃ年寄り笑うな行く道じゃ、強い者が勝つのではない勝った者が強いのじゃ、良薬口に苦く忠言耳に逆らうなど、これも佃煮にできるくらいあります。

また、周囲のものを見て自分がよりよく生きる材料に気づくこともあります。「悪しきとてただ一筋に捨つるなよ渋柿を見よ甘柿となる」で辛抱できるようになります。「腹に実のない瓢箪さえも胸にくくりはつけている」でめりはりをつけた暮らし方をしようと反省できます。「無理に頭を押さえりゃ曲る竹の子を見よ人の親」で、子育ての極意を知ることもできます。私は歯車を見て、欠けているところがある歯車だから、噛みあって大きな力が出ると気づいて、自分の欠点を補ってくれている家内に感謝し、家内の至らないところをフォローしようと思いました。

こうしたことは、日常生活の中では心の底に沈んでいる智恵のカケラのようなものでしょう。**忙しいと思考が大きな潮流になって、智恵のカケラが浮きあがることはありません。そのカケラがひょいと意識の表層に上がってくるのは、思考の流れがゆっくりになったとき（それが退屈なとき）でしょう。**

アインシュタインは「私は賢いのではありません。ただ、問題と長く付き合っているだけです」と言いました。長い間、大きな潮流にもまれながら、たまにできるゆるやかな流れのときにこそ、有意義な〝ひらめき〟が浮かびあがるのでしょう。

「考える」のではなく「感じる」時間を持つ

「ルビンの壺」と呼ばれる絵があります。壺に見えたり、二つの顔が向きあっているように見えたりします。心理学者のルビンは、私たちは壺と顔の両方を同時に認識できない例としてこの絵を使っています。たしかに、天狗の鼻がどうして高いのか考えるのと同時に、酒の席はなぜいつも礼に始まり乱に終わるのかは考えられません。こうして私の文章を読みながら、昨日の夕飯の献立は思いだせません。どちらか一方を考えると、別の思考は停止してしまうのですから、脳は思いのほか不器用です。

ところが、**動きと思考は同時にできます**。歩きながら犬のフンを踏まない算段はできます。畳の毳《けば》をむしりながら、自らの来し方を思い、行く末を案じることもできます。足踏みをしながら一〇〇から七を引きつづける計算もできます（軽度の認知症による脳の萎縮を抑える効果があるデュアルタスクの一例です）。

このような行動と思考を同時に行なうことを特化させる訓練をしているのはスポーツ選手かもしれません。近所の公園のグラウンドで子どもたちに野球を指導しているコーチたちは「もっと腰を落とせ」「肘を上げろ」と指示し、身体に覚えこませるために延々と練習を繰りかえします。いちいち考えて動いていたら間に合わないからです。「こういうときはこう動く」を条件反射のレベルまで高めていきます。

研究熱心なイチロー選手は、退屈なとき、ぼーっと頭を休めて、身体の動きを感じるそうです。一種のヨガでしょう。

あなたは今、どんな姿勢で本書をお読みいただいていますか。座っているならお尻に圧迫感があるでしょう。立っていれば足の筋肉が緊張しているでしょう。ふだんはそんなことは意識しませんが、あらためて感じてみると、自分の身体の状態がわかります。肩はこっていますか、お腹は空いていますか、どこか具合が悪そうな場所はありますか。お医者さんならデータでわかるでしょうが、私たちはデータがなくても感じることができます。仏教には、身体に悪いところがあると薬と併用して、その部位が正常な状態に戻るイメージをする観法《かんぽう》があります（私はもっぱら食べ過ぎ、飲み過ぎの胃を治すためにこの方法を利用しますが）。

考えることばかりが優先する社会ですが、**自分の身体の状態を感じる時間を退屈な時間に割りあてるのは、健康のためにも、感性を磨くのにも、とてもいい方法です。**

心の余裕、ユーモアを育てるこんな時間

「我々プロのアナウンサーだって難しいのに、素人が原稿を読んで話そうとしたって無理です」「昨日書いた原稿を読むというのは、昨日作ったお弁当を今日食べるようなもので、なんの新鮮さもありゃしません」「話の基本は飾るな、気取るな、偉ぶるなの三つです」「人の話は自然なのが一番なんです」「挨拶をするときの、ただいまご紹介いただきました○○です、なんて言葉は不要です。紹介されたから出てきたのですから」「えーという言葉は言っちゃダメです。言いたくなったら黙りなさい。そうするといい間《ま》になりますから」――私が話し方を習った村上正行さんは、大正十三年生まれの方でした。戦後NHKからニッポン放送開局時に移籍。リスナーと同じ空気を感じていたいとスタジオから出て、局の廊下の窓際から生放送をしてサテライト放送の先駆けになった方です。

この村上さんが、朝日新聞の記者時代からの豊富な経験を買われてNHKのクイズ番組の解答者として活躍していた渡辺紳一郎さんに言われたそうです。

「たとえば風香る五月に、歩いて十五分の場所を目指すとするだろ。歩いていると、道端の柳の枝が風に持ちあげられて、柔らかな新緑の細長い葉をつけた枝が自分の目の前に下りてくる。そのときに、いくら目的地に急いでいても、枝に気づいて、足を止め、新芽をつまんでふっと息を吹きかける気持ちを忘れるなよ」

聞いた当初は意味がよくわからなかったそうですが、二年後に気づいたそうです。

「私たちはいつだって、目的のこと以外は目に入らなくなるものです。しかし、目的以外の些細なことに気づく心の余裕と、関心、そして、ちょっとした茶目っ気、ユーモアを持っていろということだったんです。私は渡辺さんに言われた言葉を五十年間、一日だって忘れたことはありません」

そして、私はこの言葉を村上さんから聞いてから二十五年、二日に一回は思いだしています。

忙しくしている人ほど、目的以外のことに気づく余裕を持ち、目的以外のことに対する関心を失わず、それにユーモアという調味料を加えてみると、子どものように心が柔らかくなります。広場で枯れ枝一本で何時間でも遊べていた、あの頃のみずみずしい感性を取りもどしてみてください。

一人の時間がいい出会いを生む

仏教に「煩悩即菩提《ぼんのうそくぼだい》」という言葉があります。私たちを悩ます煩悩（心をおだやかにするのを妨げる心すべて）はもともと菩提（悟り）の種のようなもので、上手に発芽させて育てれば、きれいな悟りの花が咲くというのです。

誰かから悪口を言われて自己否定されたような気になり、落ちこむだけでなく、そこから仕返しを目論《もくろ》むなどは、心おだやかどころか大荒れの状態です。

このような場合は、一人の時間を作って「否定されたような気になるのはなぜだろう」と考えます。そこで「あの悪口は見当違いも甚だしい。間違った情報で判断しているだけだ。加えてあの人は、自分のことを棚上げにして、私の悪口を言えるほどの人物ではない。私も偏った情報で早計に人を判断し、批判めいたことを言うのはやめよう」と気づけば、小さな悟りを得たことになります。

あるいは「私の中に、他から否定されるようなことがあるのか」と反省し、「あの人の言い方は荒っぽく、自己満足的だが、貴重なアドバイスとして受けとっておこう」と腹に納めれば、自分磨きの材料になります。

このように、私たちが出合うことの多くは、自分磨きの材料になります。それを使って磨く時間が一人で過ごす、退屈な時間でしょう。自分がよりよくなるために、出合ったことに自分なりの意味づけができる貴重な時間です。

これは人との出会いも同じでしょう。「一人の時間を大切にしている人にこそ、いい出会いはやってくる」という言葉を聞いたことがありますが、万人に共通する「いい出会い」などあるはずがありません。**出会いを実のあるものにするか否かは、一人になったとき、その出会いに自分がどんな意味づけをするかなのです。**

いい経験をさせてもらえたと思えば、直筆のお礼状を書くでしょう（手紙を書くのは一人の作業です）。私は年間に五〇〇通ほどのハガキや手紙を書きますが、お一人お一人とのスタートは「初めてお目にかかります」と挨拶した時でした。そこから時間を経て、最初の出会いが「いい出会い」として意味づけされたのだと思うのです。

忙しくばかりしていれば、次々に出会いはあるでしょうが、それに意味づけしているヒマはなく、せっかくの出会いもその場かぎりで流れさっていきます。

いい人生と同様、どんな出会いも、自分で気づかなければ〝いい〟になりません。

退屈な仕事を面白くする〝センス〟

ロイド眼鏡に燕尾服、直立不動でマイクの前で歌うのが、なんとも生真面目なお人柄を思わせる昭和の歌手に東海林《しょうじ》太郎さんがいました。戦後軽井沢に住んでいた時期に東京で仕事があると定宿にしていたのは新橋の第一ホテルだったそうです。

ある番組のために旧知の村上正行さんが第一ホテルのシングルルームをたずねると、東海林さんはベッドの上の荷物を床に払いのけて「さあ、ここへどうぞ」。

打ち合わせを終えて団欒していると、「村上さん、そろそろ、あれ、やりましょうか」とおっしゃいます。そこで、村上さんは冷蔵庫からビール瓶を取りだすと栓を抜いた状態で「どうぞ」と合図します。

それを受けて東海林さんはベッドの上に逆立ちします。村上さんが差しだすビールを手にすると、それをごくりと飲んで、ひと言。「ねぇ、村上さん。不思議なことがあるものですね。ビールが上に上がっていく……」

「たったそれだけなんです」と村上さんは懐かしそうに私に教えてくれました。そのあとに村上さんはつけ加えました。

「そのとき、東海林さんが言うんです。『村上さん、信じてもらえるかなあ。僕はこれまで『名月赤城山』や『赤城の子守唄』を何千回歌ってきたかわかりません。でも、一回だって同じ歌を歌ったことがないんですよ』って。いつだって、真剣勝負のつもりで歌っていらっしゃっていたんです」

東海林さんは生前「マイク一本四方が私の道場です。大劇場であろうとキャバレーの舞台であろうと変わりありません」とおっしゃっていたそうですが、それを裏づけるような話だと思いました。

何千回も同じ歌を歌うのも、何千回ビールを飲むのも、あるときは真剣に、あるときは別の方法はないかと考えてやれば、「また同じことか……」と思うことはずっと少なくなります。

仕事も同じでしょう。どんなに退屈に思えることでも、それを真剣に、あるいは丁寧に、面白くできるかどうかはその人の感性であり、センスです。それを磨くことが日常生活を充実させ、キラキラ輝かせるコツだと思うのです。私が好きな一休さんも良寛さんも、退屈を愉しむ達人だったに違いありません。

「恋愛は、人生の花。いかに退屈でも、この外に花はない」

坂口安吾は『恋愛論』（筑摩書房）の中で、自身の経験から、恋愛したところでそのつまらなさがわかり、恋愛の愚劣さに裏切られるばかりで、心が満たされることはないと述べています。しかし、いかに恋愛がバカげていても、しょせん人生がバカげたものだから引け目になることもない、バカは最も尊いと続けます。

さらに、恋愛する代償で得られる苦しみ、悲しみ、切なさによって魂が満たされると述べ、最後に「ああ、孤独。それをいいたもうなかれ。孤独は、人のふるさとだ。恋愛は、人生の花であります。いかに退屈であろうとも、この外に花はない」と結びます。安吾は「生存それ自体が孕んでいる絶対の孤独」が文学のふるさとだと述べるなど、さまざまなことが芽生え、成長する土壌豊かな孤独な心の領域を〝ふるさと〟として意識することがあったようです。

安吾が言うように私たちの心の淵源は孤独で退屈なところでしょう。それは命のふるさとの母胎でも同じこと。私たちはへその緒につながれて二八〇日、四十週を一人ゆらゆらと過ごしました。いったん出生すれば、母の乳を求め、糞尿の嫌悪感に泣き、愛情を一心に受けようと微笑むなど退屈しているヒマはありません。

安吾は失恋をしてしばらく文筆活動を休止しますが、それは一度孤独と退屈というふるさとへ戻って再生を期したのかもしれません。

仏教や修験道の修行には、それと似たものがあります。本堂の床下に設けられた真っ暗な通路を通って戻る戒壇廻りは胎内回帰を意識したものですし、狭い岩間を通り、崖から身を乗りだすのは擬死再生の儀式です。

残念ながら、両方とも水泳のターンのようにすぐに再生しなければならないので退屈していられませんが、私たちも戦士が休息を取るように、母胎の中にいたときのように、**心のふるさとで休息し、心が熟成する孤独で退屈な時間と場所を持っていたほうがいい**と思うのです。

ちなみに、自分の身体や意識を宇宙大まで拡大して同一化する行をしていた真言行者だった父は、晩年「宇宙そのまま夢のゆりかご」という言葉を残しました。きっと、自分を取りまく自然の営みを肌で感じ、夜の星や月を見あげるたびに、心のふるさとへ回帰して、何度も再生していたのでしょう。

やることがない？ それこそが〝安楽〟

教育の基本は読み、書き、ソロバン。この中で使われたのが仏教の教えを七五調で綴った「いろは歌」。これはすでにご紹介しました。きっと、お寺が学校代わりの寺子屋を営んでいた影響で普及したのかもしれません。

〝色は匂へど散りぬるを〟は「諸行は無常なり」の義を表し、〝我が世誰ぞ常ならむ〟は「是れ生滅の法なり」を言いかえたものです。

〝有為の奥山今日越えて〟は「生滅を滅し已《お》えて」、〝浅き夢見じ酔ひもせず〟は「寂滅を以《もっ》て楽と為《な》す」の意で、「いろは歌」全体で、仏教の真髄を表す〝四句の偈《げ》〟を言いかえたものです。

心配事、やるべきことが多い有為の世界から「為すこと無し」の無為の世界へ行くことについては、すでにお伝えしました。そこに到達すれば、もう浅い夢にうなされるようなことも、酒に酔って善悪の判断がつかなくなることもなくなるというのです。

無為の世界は、やることがないのですから、さぞや退屈な世界でしょう。しかし、

そこは安楽この上ない（精神）世界というのが仏教の考え方です。

イタリアを統一する強力な君主の必要性を説く中で、権謀術数《けんぼうじゅつすう》（たくみに人をあざむく策略）さえ容認したマキャベリは「天国は、退屈な人間しかいない」と言ったそうです。

キリスト教の考え方は存じませんが、一度天国へ行った人は帰ってこないのかもしれません。しかし、仏教では一度無為の世界に入った人でも、必要に応じて有為の世界に戻り、さらに奥義を究めたり、衆生を助けたりします。すべては変化してやまないという諸行無常を体得して、変化に縦横無尽に対応できるようになった（耐性を持った）無為の人でも、さて、変化する中でどうやって生きるかを再び有為の世界に戻って実践することになるのです。

師僧の父は「私は、毎日何度も有為と無為を往復してるよ。あははは」と屈託なく笑っていました。そして死期が近づいたのを知った父はお世話になった方々へ『お別れうた』を書きました。その中にこんな一節があります。「幾度来慣れた仏の里（無為の世界）へ、晴れて帰れる日が近づいた。お待たせしました。ではこのへんで、一足お先に旅立ちします」。私たちもいつか退屈で居心地のよいあの世へ引っ越しです。

ヒマな時間の「哲学のススメ」

仏教で使われるお香は、心を落ちつかせる成分が入っています。「本当は、自分は何がしたいのだろう」「退屈は本当に面白くないのか」「自分は何かを求めた結果どんな心境になるのを望んでいるのだろう」「何を恐れているのだろう」と心がおだやかになるための考えは、心の波風を抑えないとできないからです。

逆に心をウキウキさせる成分が入っている代表は、女性が使う香水でしょう。デパートの一階に香水をはじめとする化粧品売り場があるのは、お客さんの心をウキウキさせて買い物をしてもらうためです。お線香売り場は上層階にあります。

もし、一階にお香売り場があればお客さんの心が落ちついてしまい、「特に必要なものはないから、今日は買い物をしないで帰ろう」と売り上げが落ちることでしょう。

十七世紀のイギリスの哲学者トマス・ホッブズは「閑暇は哲学の母である」と言ったそうです。人生とは何か、自分とは何者か、世界は、宇宙はどうなっているのかなど、自分と世界の関わりに気づき、よりよい人生を歩んでいこうとする哲学的な思考も、心が落ちついていないとできません。テーマパークで遊んでいるとき、誰かとふざけているとき、お酒を飲んで浮かれているとき、自分を顧みる余裕はありません。
それができるのはヒマがある一人のときです。

私は三十代の時、友人から「千手観音は自分のために使う手は一本もないらしい」という話を聞きました。菩薩として人を救おうとする仏さまなら、おそらく千本の手はすべて人々を救うために使うでしょう。それを聞いて以来、一日の終わりに一人手をしげしげと眺めます。そして、今日この手を誰かのために使っただろうかと自問します。思いあたらなければ、あわてて風呂掃除をしたり、夕飯の洗い物をして、「よかった。自分以外の人のために使えた」と安堵します。

そんな思考をしているからでしょうか、ある夕方、一人のときに「今日一日、人が喜ぶようなことを言っただろうか」と振りかえりました。一日生きていて、多くの人と話をしているのですから、「よくそんなことができますね。なかなか真似できませんが、励みになります」「今日も髪型が素敵ですね」「洋服がお似合いですね」くらいのことは言えるはずです。

退屈な時間に、ちょっと哲学して、人生を豊かにするのもいいものです。

「期待しないで待っています」という人生のコツ

良寛さんの戒めに「人に物くれぬさきになになにやろう」という言葉があります。まだ何もあげていないのに「あなたにあれをあげるよ」と言わないほうがいいという意味です。

たしかに、自分をよく見せるために、できもしない約束をする人はいるもので、かくいう私もその一人。「お料理のおいしいお店を見つけたから、今度ご馳走するよ」と言ったきり誘わない人が何人いるかわかりません。このままあの世へ行けば、閻魔さまに舌を抜かれるのは必定です。

そんなことばかりしているので、「今度ご馳走するよ」と言っても、周囲の人は「お気持ちだけで十分です。機会があったらお願いします」とサラリと聞きながし、私の約束めいた話を本気にしません。その証拠に「いつご馳走してくれます?」と催促する人も「ご馳走してくれるって言ったじゃないですか」と文句を言う人もいないのです。「〝江戸っ子は五月の鯉の吹き流し、口先ばかりではらわたはなし〟は、口は悪いが腹に隠しているものがないという意味だが、名取の場合は本当に口先ばかり。その場しのぎで自分をよく見せ、実行しようとは微塵も思っていない」と思われていることでしょう。今更ながら「人に物くれぬさきに……」の言葉が身に沁みます。

私の友人にもできない約束をする人がいます。長い付き合いで彼の軽さは知っているので、「ありがとう。縁が揃うのを、期待しないで、待っています」と流します。

物事は因と縁が揃って結果が出ます。この当たり前の道理を仏教で縁起といいます。品物をあげることや、ご馳走するという「結果」を約束しても、実現させるには多くの縁が必要です。縁の中には自分の力で揃えられるものもあります。品物を買ってしまう、相手の都合を聞いてお店を予約してしまうなどがこれにあたります。

しかし、自分ではどうしようもない縁もあります。忙しすぎて約束したのを忘れたり、酔って忘れたりしてしまうなども、約束を反故《ほご》にする縁として作用します。

こうした不可抗力の縁にめげずに約束を果たすには、「お約束ノート」を携帯するか、スマホにメモするしかありません。それが信頼を得る第一歩です。ただし、メモしていいのは自分がした約束だけ。誰かが約束したことなどは執念深く記録せず、「期待しないで待っています」と言っておけばいいですよ。

あえて誰とも会わない日を作る

時は平安時代末期の一〇九五年、肥前国藤津庄（現在の佐賀県鹿島市）に生まれ、わずか八歳にして出家求道の心が芽生え、十三歳で京都仁和寺寛助《かんじょ》の弟子となり、奈良仏教を学んだ覚鑁《かくばん》。

寛助が高野山へ登って修行すべき弟子を決めるにあたり、弟子たちの扇を箱に入れ、仏の加護を祈ってえいっとばかりに一本取って広げてみると、そこには「仏は大日、法は真言、人は弘法、所は高野」という覚鑁の文字（「人は弘法」ではなく「高野には定尊」ともいわれますが、私は「人は弘法」のほうが好きです）。二十歳で高野山にあがった覚鑁は、来る日も来る日も厳しい修行に明け暮れます。

この修行の中に俗に「千日無言行」といわれるものがあります。千日間誰とも話さずにひたすら仏と一体になる行法に専念し、思索を深めるために費やします。

やがて四十歳になった覚鑁は高野山の中心の金剛峯寺座主《ざす》につきます。

しかし、手を引いてくれればいいのに、足を引っぱる人はいつでも、どこにでもいるもの。妬《ねた》み嫉《そね》みの渦まく中、覚鑁は座主から退き、住居のお寺にこもり再び無言行に入ります。その日数は一四四六日に及びます。

誰が偉いとか、誰が何をしたという世俗の塵、芥《あくた》から離れ、お釈迦さまから伝えられ、空海をはじめとして名僧の知識を経て自分にたどりついた教えを自らの中で昇華していく大切な時間だったのです。

覚鑁の無言行は誰とも顔を合わせないわけではありませんが、**一人静かに修行し、瞑想する時間は、自分の心を見つめるのにとても大切です。**私の先輩のご尊父は世俗を避け、純粋に修行に打ちこむために、五十歳を過ぎた頃から亡くなるまでお寺から一歩も出ない生活をしていました。

皆さんもこうした日を作ってみてはいかがでしょう。私は月に三日ほど家族以外の誰とも会わない日があり、とても充実した気分になります。

覚鑁の無言行は四十五歳まで続き、翌一一四〇年に根来《ねごろ》に居を移し、根来寺の基礎を確立し四十九歳で遷化《せんげ》します。

それから約四五〇年、一大勢力となった根来寺は、豊臣秀吉の焼き討ちによって全山が消失するというお話は、またいずれの機会に。

「心の波」を治めると、大事なものが見えてくる

ある古寺に禅問答が得意な怪しげな入道（実は古狸）が夜な夜な出て、大変な騒ぎ。この化け物退治に出かけた一休。丑三つ時になるとお堂の中に入道が現れます。「いざ問答」と化け物に問えば、「よし来い」と受けます。一休が「釈尊一代の経文、その数如何《すういかん》」と尋ねると、古狸の入道は「八万四千」と正解を答えます。間髪入れず「その八万四千の経典の中に、法という文字の数如何」。

答えられず困った入道を見て一休は、鉄の如意で腰のあたりをはっしとばかりに打つと入道の姿はぱっと消えます。

一休は心配してついてきた師僧に「総じて人をたぶらかすような魔性のものは、相手の腹をみすかしてはおりますが、腹にないことは判断できませぬ」と解説します。冷静になって古狸のトリックを見破り、わざと自分も知らないことを尋ねたのです。

もう一つ。将軍が大切にしていた名器の茶碗を割ってしまった仲間の身代わりになった一休の話。将軍は一休を手討ちにすると大変な怒り。

すると、一休は言います。

「生あるものは死し、形あるものは必ず滅す。いかに天下の名器といえども、一度は必ずこわれるときがまいります。たとえ将軍家御秘蔵の品とはいえ、こわれるたびに人命にかかわるごときものは、天下の名器にあらずして天下の凶器でございます。今は天下泰平にして万民安堵の思いをなすといえども、万一国乱れて戦いとなった暁に、茶の湯をもって敵勢を防ぐおぼしめしか。いや、茶碗をもって号令ができましょうや。この世に尊きは人の命。いかに天下一品の名器といえど、蛇杢《じゃもく》の茶碗は泰平の世の玩具、国家の用には相立ちませぬっ」

この言葉を聞いて、将軍は自らの過ちを認めたという痛快な話。

一休ではありませんが、私が現場に居あわせたエピソードをもう一つ。お寺の梵鐘の功徳を説いた文章を公表するかどうかで、「梵鐘があるお寺のほうが少ないから、公表しなくていいのではないか」との長老の意見に対して、若手僧侶が言います。「公表することで、鐘楼堂を造ろうとするお寺があるのではないですか」

表面的に考えれば諦めざるを得ないようなことも、退屈な時間を利用して心の波を治めると、その水鏡に本当に大切なものが映るものです。

私の、とある退屈な一日

やることがなく、やるべきことも見つからない退屈な時間を愉しむ心は、「世の中は捨てたものじゃない」と思える心でもあります。一見無用のようでも、まだ見かぎったものではなく、役に立ちそうだという意味の「捨てたものではない」と思えるようになるには、好奇心一杯に拾ってみればいいのです。

私が今朝起きてから、拾ったものをいくつかご紹介しましょう。

近所の上空を伝書鳩が飛んでいました。英語でなんというのだろうと考えて、勝手にメール・ピジョンだろうとあたりをつけましたが、調べてみるとホーミング・ピジョンでした。私にも帰巣本能があって酔っても家にたどりつきますが、人生という旅を終えて帰る場所について考えるのも、坊主の役目だと思いました。

お寺の前の空き地に猫がいました。柔軟な足首を使って、これ見よがしにしなやかに歩く姿を見て、サンダル履きでズルズル音をさせて歩いている自分に気づきました。

かつて先輩のお坊さんから「いいか、坊さんは、祭りの露店の間を冷やかしで歩くようなヤクザな歩き方はしちゃダメだぞ」と言われたのを思いだし、背筋を伸ばしました。

お寺の前のバス停で待っている人は、どこへ行くのだろうと思いました。きっと行った場所で、誰かがその人を待っているのでしょう。この広い世の中でまだ出会わぬ人が私を待っているかもしれないと思いつつ、私も死というバスを待って生きているようなものかもしれないと諸行無常に思いを馳せ、あの世行きのバスに乗って到着したところで待ってくれているのは、先に亡くなった人たちだろうと夢見ました。

歩道のコンクリートの隙間や屋根瓦の隙間から生えている草を見ると、「生きる場所、そこにもあるのか屋根の草」という言葉が脳裏をよぎります。私もこのお寺に来て三十三年。子どもの頃はまさかこのお寺で暮らすとは思いませんでしたが、ここが私の根を張る場所なのだと本堂の甍《いらか》を見あげました。

お寺の隣にあるドラッグストアに入って膨大な商品を見るにつけ、これは全部買う人、使う人の身になって作られたものだと気づき、自分は誰かのことを考えて必要なものを提供しているだろうかと、自問自答しました。

拾えば、いくらでも拾うものがある世の中。両手一杯、拾っていきましょう。

参考文献

『一休和尚漫遊記』講談社
『興教大師伝』真言宗豊山派宗務総長／真言宗豊山派宗務所
『坂口安吾全集〈05〉』坂口安吾／筑摩書房
『修養全集〈第2巻〉東西感動美談集　復刻版』講談社
『中国古典の名言・名句三百選』守屋洋／プレジデント社
『悩みが幸せにかわるレッスン』名取芳彦／ＰＨＰ研究所
『森鷗外全集〈5〉』森鷗外／筑摩書房

本書は、本文庫のために書き下ろされたものです。

名取芳彦（なとり・ほうげん）
　1958年、東京都江戸川区小岩生まれ。密蔵院住職。真言宗豊山派布教研究所研究員。豊山流大師講（ご詠歌）詠匠。密蔵院写仏講座・ご詠歌指導など、積極的な布教活動を行なっている。
　主な著書に、ベストセラー『気にしない練習』『ためない練習』『般若心経、心の「大そうじ」』（以上、三笠書房《知的生きかた文庫》）のほか、『心がすっきりかるくなる般若心経』『こだわらない。』『これがわかれば』など多数がある。
　日本テンプルヴァンHPにて「名取芳彦のちょっといい話（全200話）」も好評。

◎元結《もっとい》不動　密蔵院
東京都江戸川区鹿骨4－2－3

◎もっとい不動　密蔵院ホームページ
http://www.mitsuzoin.com/

知的生きかた文庫

「退屈《たいくつ》」の愉《たの》しみ方《かた》

著　者　名取芳彦《なとりほうげん》
発行者　押鐘太陽
発行所　株式会社三笠書房
〒一〇二－〇〇七二　東京都千代田区飯田橋三－三－一
電話〇三－五二二六－五七三四〈営業部〉
　　〇三－五二二六－五七三一〈編集部〉
http://www.mikasashobo.co.jp
印刷　誠宏印刷
製本　若林製本工場

ISBN978-4-8379-8469-6 C0130

知的生きかた文庫

気にしない練習
名取芳彦

「気にしない人」になるには、ちょっとした練習が必要。仏教的な視点から、うつうつ、イライラ、クヨクヨを〝放念する〟心のトレーニング法を紹介します。

般若心経、心の「大そうじ」
名取芳彦

般若心経の教えを日本一わかりやすく解説した本です。誰もが背負っている人生の荷物の正体を明かし、ラクに生きられるヒントがいっぱい！

禅、シンプル生活のすすめ
枡野俊明

求めない、こだわらない、とらわれない――「世界が尊敬する日本人100人」に選出された著者が説く、ラク～に生きる人生のコツ。開いたページに「答え」があります。

一休「禅」の言葉
境野勝悟

人生のコツは、一休に訊け――人生はいつだって予想外、人の心なんて変わるもの、考えるよりもまず動く……「本当に大切なこと」に気づく50話。

空海「折れない心」をつくる言葉
池口恵観

空海の言葉に触れれば、生き方に「力強さ」が身につく！　現代人の心に響く「知恵」が満載！　「悩む前に、まずは行動してみる」ことの大切さを教えてくれる一冊。

C50314